Georg Grützmacher

Untersuchung über den Ursprung der In Zach. 9-14 vorliegenden Profetien under besonderer Berücksichtung der zuletzt darüber vorgetragenen Hypothese

Georg Grützmacher

Untersuchung über den Ursprung der In Zach. 9-14 vorliegenden Profetien under besonderer Berücksichtung der zuletzt darüber vorgetragenen Hypothese

ISBN/EAN: 9783743612228

Hergestellt in Europa, USA, Kanada, Australien, Japan

Cover: Foto ©berggeist007 / pixelio.de

Manufactured and distributed by brebook publishing software (www.brebook.com)

Georg Grützmacher

Untersuchung über den Ursprung der In Zach. 9-14 vorliegenden Profetien under besonderer Berücksichtung der zuletzt darüber vorgetragenen Hypothese

Untersuchung über den Ursprung der in Zach. 9—14 vorliegenden Profetien unter besonderer Berücksichtigung der zuletzt darüber vorgetragenen Hypothese.

INAUGURAL-DISSERTATION

ZUR

ERLANGUNG DER DOCTORWÜRDE

BEI DER

HOHEN PHILOSOPHISCHEN FACULTÄT ZU HEIDELBERG

VORGELEGT VON

GEORG GRÜTZMACHER,

PREDIGTAMTSKANDIDAT.

BERLIN.
DRUCK VON W. PORMETTER.
1892.

Benutzte Litteratur.

W. Graf Baudissin, Studien zur semitischen Religionsgeschichte. Leipzig 1876.

L. Bertholdt, Historische kritische Einleitung. Teil IV. Erlangen 1814. S. 1697 ff.

F. Bleek, Einleitung ins alte Testament. 4. Aufl. Herausgegeben von Wellhausen. 1878.

C. J. Bredenkamp, Der Prophet Sacharja. Erlangen 1879.

F. Bleek, Studien und Kritiken. 1857. S. 316 ff.

Burger, Études exégétiques et critiques sur le prophète Zacharie. Strasbourg 1841.

C. H. Cornill, Einleitung in das alte Testament, im Grundrifs der theologischen Wissenschaften. Freiburg 1891. S. 194—200.

Friedr. Delitzsch, Artikel Sanherib, in Herzogs Real-Encyklopädie. Aufl. II. Band XIII.

De Wette, Lehrbuch der historischen-kritischen Einleitung. Aufl. VII (nach seinem Tode erschienen). Berlin 1852.

De Wette, Lehrbuch der historischen-kritischen Einleitung in das alte Testament, Aufl. VIII ed. E. Schrader. Berlin 1869.

A. Dillmann, Über die Bildung der Sammlung heiliger Schriften. Jahrbücher für deutsche Theologie, Stuttgart 1858. S. 452 ff.

A. Dillmann, Einleitung in das alte Testament. Berlin 1887 (Manuscript.)

A. Dillmann, Biblische Theologie des alten Testaments. Berlin 1888. (Manuscript.)

H. Ewald, Die Propheten des alten Bundes. Band I. Stuttgart. 2. Aufl. 1867—1868.

A. Geiger, Urschrift und Übersetzungen der Bibel. Breslau 1855. S. 55, 57 ff.

C. O. Gramberg, Religionsideen des alten Testaments. Teil II, S. 635—60; 520—31. Berlin 1830.

Hengstenberg. Christologie des alten Testaments und Kommentar über die messianischen Weissagungen, IIIB, I. Abteil. Aufl. III. Berlin 1856. S. 343 ff.

Hengstenberg, Die Integrität des Sacharja, Beiträge zur Einleitung ins alte Testament. I, 360—88.

F. Hitzig, Die zwölf kleinen Propheten, I. Aufl. Leipzig 1838.
F. Hitzig, Die zwölf kleinen Propheten, III. Aufl. Leipzig 1863.
F. Hitzig, Die zwölf kleinen Propheten, IV. Aufl. Leipzig 1881 ed. Steiner.
F. Hitzig, Theologische Studien und Kritiken, 1830. S. 25 ff.
Fr. Hommel, Babylonisch-assyrische und israelitische Geschichte in Tabellenform. Leipzig 1880.
Kahnis, Lutherische Dogmatik. Leipzig 1861. I, 354—57; 359 - 61.
C. F. Keil, Die zwölf kleinen Propheten, 2. Aufl. Leipzig 1873.
P. Kleinert, Abrifs der Einleitung ins alte Testament in Tabellenformen an Stelle von Hertwigs Einleitungstabellen. Berlin 1878.
A. Knobel, Der Prophetismus der Hebräer, Teil II. Breslau 1837. S. 166 ff. 280 ff.
A. Köhler, Artikel Sacharja, in Herzogs Real - Encyklopädie. Aufl. II. Band XIII.
A. Köhler, Die Weissagungen Sacharjas, Kap. 9—14. Erlangen 1863.
F. B. Koster, Meletemata critica et exegetica in Zachariae prophetae partem posteriorem. Güttingen 1818.
J. P. Lange, Sacharja, im Bibelwerk, Teil XX. Bielefeld und Leipzig 1876.
F. Maurer, Commentarius in vetus Testamentum. Leipzig 1840. Band II, S. 468 ff.
E. Meier, Die Bearbeitung der zwölf kleinen Propheten von Hitzig, Maurer, Ewald; theol. Jahrbücher von Zeller. Tübingen 1842.
E. Fr. L. von Ortenberg, Die Bestandteile des Buches Sacharja. Gotha 1859.
W. Pressel, Kommentar zu Haggai, Sacharja und Maleachi. Gotha 1870.
E. Reufs, La Bible, ancien Testament, Partie II, Prophètes I. Paris 1876.
P. Schegg, Die kleinen Propheten, Teil II. Regensburg 1862.
H. E. Schmieder, Die heil. Schrift mit Einleitungen und Erläuterungen, herausgegeben von O. v. Gerlach. Band IV, Abteil. III. Berlin 1853.
E. Schrader, Keilinschriften und das alte Testament. Giefsen 1883.
F. W. Schultz, Theologie des alten Testaments. Zöcklers Handbuch der theol. Wissenschaften, Band I, S. 323 und 324. Nördlingen 1883.
B. Stade, Lehrbuch der hebräischen Grammatik. Leipzig 1879.
B. Stade, Geschichte des Volkse Israel. Giefsen 1887, Band I.
B. Stade, Deuterozacharja. Zeitschrift für die alttestament. Wissenschaft. Giefsen 1881/82.
J. J. Stähelin, Die messianischen Weissagungen des alten Testaments in ihrer Entstehung, Entwicklung und Ausbildung. Berlin 1847. S. 125 ff. und S. 173 ff.
O. Thenius, Die Bücher der Könige erklärt. Leipzig 1873. 2. Aufl.
W. Vatke, Biblische Theologie des alten Testaments. Teil I. Berlin 1835. S. 553 ff. und S. 462 f. Anm.
J. Wellhausen, Beurteilung der Schrift von Graf Baudissin, Studien zur Religionsgeschichte. Göttinger gelehrte Anzeigen. Göttingen 1877. S. 185 ff.
J. Wellhausen, Prolegomena zur Geschichte des Volkes Israel. Berlin 1886. 3. Aufl. S. 438.

Geschichte der Forschungen über Sacharja Kapitel 9—14.

Bevor wir über den Ursprung von Sacharja 9—14 eine Untersuchung anstellen, wollen wir eine kurze Übersicht über die kritischen Forschungen, die über diese interessanten aber vielfach dunklen Kapitel angestellt worden sind, geben.

Bis zu der Mitte des 17. Jahrhunderts war man allgemein der Ansicht, dafs die in Sacharja 9—14 enthaltenen Profetien den nachexilischen Sacharja zum Verfasser hätten. Zuerst 1653 vermutete J. Mede (Mitglied des Kollegiums Christi zu Cambridge) auf Grund der Stelle Matth. 27, 9, wo ein Citat aus Sach. 11, 13 auf Jeremia zurückgeführt wird, dafs Jeremia der Verfasser von Sach. 9—11 sei. Infolge seiner dogmatischen Anschauungen war er der Meinung, dafs der heilige Geist den Evangelisten bei der Nennung des Jeremia als den Verfasser unmöglich habe irre leiten können. Dieser Ansicht traten auch drei namhafte Gelehrte H. Hammond (Hofprediger Karl I), R. Kidder (Bischof von Bath und Wells) und W. Whiston (Professor zu Cambridge) bei, doch dehnten die beiden letzteren Gelehrten die jeremianische Abfassung auf Kapitel 9—14 aus. Diese Ansicht wurde aber energisch von J. C. Carpzow, der für die Abfassung der genannten Kapitel durch den nachexilischen Sacharja eintrat, bekämpft. W. Newkome (Primas von Irland) unterschied dann in seinem Kommentar zu den zwölf kleinen Profeten 1785 zwei Stücke, von denen er Kap. 9--11 in die Zeit der Zerstörung Samarias noch bei Bestand des ephraimitischen Reiches und Kap. 12—14 in die Zeit kurz vor die Zerstörung Jerusalems setzte. —

In Deutschland zog zum ersten Male, ebenfalls durch die Stelle Matth 27, 9 angeregt, B. G. Flügge (Archidiakonus in Hamburg) in der anonym erscheinenden Schrift „Die Weissagungen, welche den

Schriften des Profeten Zacharias beygebogen sind", die Abfassung von Kap. 9—14 durch den nachexilischen Sacharja in Zweifel. Durch seine höchst willkürliche Auslegung und Kritik kam er aber zu den seltsamsten Resultaten, indem er nicht weniger als neun Orakel in Sach. 9—14 nachweisen zu können glaubte. Seine Hypothese bildeten aber L. G. Bauer (Professor zu Altorf), Ch. W. Augusti (Professor zu Jena) und J. C. Doederlein (Professor zu Jena) um, indem sie sich der Ansicht von Newkome anschlossen. H. Beckhaus (Professor zu Marburg) verteidigte dagegen in der Schrift „Über die Integrität der profetischen Schriften des alten Bundes" 1796 die traditionelle Ansicht.

Neben diese beiden Ansichten über den Ursprung von Sach. 9—14 trat nun durch Joh. Gottfr. Eichhorn „Einleitung ins alte Testament" 1824 eine dritte. Er stellte die Hypothese auf, dafs Sach. 9—14 aus der griechisch-maccabäischen Zeit stamme, und zwar findet er in Kap. 9, 1 bis 10, 12 eine Schilderung der Züge Alexanders des Grofsen, in Kap. 13, 7 bis 14, 21 einen Trostgesang auf den Tod des Judas Maccabäus in der Schlacht bei Bacchides, während er Kap. 11, 1—13, 6 in der dazwischen liegenden Zeit verfafst sein läfst. Seiner Ansicht, dafs Sach. 9—14 das Werk eines später als der nachexilische Sacharja lebenden Verfassers sei, trat Corrodi und H. E. Paulus bei. Gramberg*) setzte dieses Stück ebenfalls in die Zeit nach Sacharja und hielt es für ein schwächliches aus den letzten Jahren des Darius oder den ersten des Xerxes stammendes Werk. Ähnlich läfst auch Vatke* Sach. 9-14 durch die ägyptisch-persischen Kriege und Fehden der Juden mit den Nachbarvölkern veranlafst sein. — Daneben wurde nun auch die Flüggesche Hypothese von L. Bertholdt* fortgebildet. Er setzt Kap. 9—11 in die Zeit des Ahas, Kap. 12—14 in die letzten Jahre der Selbständigkeit des jüdischen Reiches. Diesem stimmte Gesenius (Kommentar zu Jesaia) und De Wette (in seinen drei ersten Auflagen der Einleitung in das alte Testament) bei. Rosenmüller dagegen (Scholien zum alten Testament 1828) und Hitzig* (Theologische Studien und Kritiken 1830) hielten Kap. 9—14 von einem

---

*) Die Werke der mit einem Stern versehenen Gelehrten sind benutzt worden und finden sich in der Aufzählung der benutzten Werke auf Seite 3—4.

Profeten zur Zeit Usias verfafst, eine Annahme, die jetzt nur noch Pressel* verteidigt. Hitzig* selbst aber gab diese Ansicht in der dritten Auflage seines Kommentars auf, wo er Kap. 9--11 aus der Zeit Usias, Kap. 12—14 aus der Zeit Manasses herleitet. — Jetzt stehen sich besonders drei Ansichten über den Ursprung von Sach. 9—14 gegenüber:

1. Die Ansicht, welche Kap. 9—14 von dem nachexilischen Sacharja verfafst sein läfst. Sie ist in neuerer Zeit besonders durch Köster*, Hengstenberg*, Burger*, ferner in den Einleitungswerken zum alten Testamente von Jahn, Hävernick, De Wette* (vierte Auflage), Herbst und in den Kommentaren zu Sacharja von den Katholiken Ackermann und Schegg*, sowie von Umbreit, Keil*, J. P. Lange*, Pusey, A. Köhler*, Kliefoth, Bredenkamp* und den Engländern Wright und Lowe vertreten worden.

2) Die Ansicht, die mit Anschlufs an Newkome und Bertholdt Kap. 9—11 einem Profeten aus der Zeit des Ahas, Kap. 12—14 einem Profeten kurz vor der Zerstörung Jerusalems zuschreibt. Sie hat ihre Vertreter an Knobel*, Ewald*, der noch in Kap. 13, 7—9 einen Bestandteil der Weissagung Kap. 9—11 erkennt, E. Meier*, Bleek*, von Ortenberg*, Bunsen, in den Einleitungen zum alten Testamente von Dillmann*, Schrader* in den Kommentaren von Maurer*, Steiner*, Davidson, von Orelli, Reufs*, der allerdings die Abfassung von Kap. 12—14 unter Manasse für wahrscheinlich hält, und Kahnis* in seiner Dogmatik gefunden.

3) Die Ansicht, die nach dem Vorgange Eichhorns Kap. 9—14 in die griechische Zeit herabsetzt. Diese Ansicht teilen A. Geiger* und Böttcher. Sie ist besonders ausführlich von B. Stade* begründet und von C. H. Cornill* in seiner Einleitung zum alten Testamente acceptiert worden.

Nachdem wir nun eine kurze Übersicht der Ansichten über den Ursprung der in Sach. 9—14 enthaltenen Profetien gegeben haben, wollen wir prüfen, ob eine dieser Ansichten und welche von ihnen sich uns nach genauer Betrachtung des Inhalts als die richtige ergiebt. Wir werden uns in der Einteilung unserer Untersuchung an die von Stade in seinem Aufsatz „Deuterozacharja" angewandte anschliefsen. Unsere Untersuchung wird demnach in drei Teile zerfallen:

I. Inhalt von Sacharja 9—14.
II. Verhältnis von Sacharja 9—14 zu den übrigen Weissagungen.
III. Untersuchung über den Ursprung von Sacharja 9—14.

I. Inhalt von Sach. 9—14.

A. Kap. 9—11; 13, 7—9.

Diese Profetie zerfällt in zwei Teile: 1) Kap. 9 und 10 2) Kap. 11 und 13, 7—9. In Kap. 9 und 10 verkündet der Prophet ein Gericht über die Israel feindlichen Mächte, Israel aber, dem Volke der Erwählung, das Kommen des Messias und den Anbruch der messianischen Zeit.

Kapitel 9.

Ein Gericht Jahves des Gottes, dessen Vorsehung sich über die Heidenwelt wie über Israel erstreckt, wälzt sich über die Israel feindlichen Mächte[1]. Die im Norden gelegenen Reiche Syrien, das durch die Landschaft Hadrach[2]), die Hauptstadt Damaskus und Hamat repräsentiert ist, sowie Phönizien mit seinen Hauptstädten Tyrus und Sidon, denen ihre Weisheit und ihr ungeheuerer Reichtum nichts hilft, trifft es zuerst. (V. 1 - 4.) Aber der Fall der phönizischen Hauptstadt, des mächtigen Tyrus, erfüllt die philistäischen Städte Askalon, Gaza, Ekron und Asdod mit Furcht und Zittern. Gaza verliert seinen König und Asdod nehmen Fremde in Besitz. Die Götzenopfermahle und damit der ganze Götzendienst hat ein Ende, der vom Gericht übrig bleibende Rest der Philister dient Jahve, dem Gotte Israels, und wird mit dem Volke Gottes verschmolzen, wie die Jebusiter mit den Judäern. Während aber die Heidenwelt dem Gerichte des Untergangs verfällt und der Rest der Heiden sich be-

---

[1]) In Betreff der Überschrift 9, 1 siehe am Schlusse der Abhandlung bei Behandlung der Frage, wie erhielt Sach. 9—14 diese Stelle im alttestamentlichen Kanon.

[2]) Durch Schrader „Keilinschriften und das alte Testament" S. 315; 26 und 27 ist Hadrach auf assyrischen Verwaltungslisten als in der Nähe von Damaskus liegende Landschaft nachgewiesen worden. Diese Deutung ist auch von allen Neuern (Bredenkamp, Steiner) angenommen. Die alten Erklärungen Hadrach = Persien (Hengstenberg, Keil), Hadrach in Arabien (Ewald), Hadrach = Gott Sedrach (Reuss) bedürfen keiner Widerlegung mehr.

kehrt, lagert sich Jahve als Schutzwehr[1]) um sein Haus, das er auch künftig gegen feindliche Angriffe schützen will. (V. 5—8.) Dann ist auch die Zeit gekommen, wo Jahve in Jerusalem den messianischen König, der ein Reich des Friedens herstellt, erscheinen läfst. Zum Zeichen seiner friedlichen und freundlichen Gesinnung zieht er auf dem Reittier des Friedens, dem Esel, nicht auf dem stolzen kriegerischem Rosse in Jerusalem ein. Die Rosse dagegen und Wagen werden als Werkzeuge des Krieges aus Ephraim und aus der heiligen Stadt weggetilgt, und seine Herrschaft erstreckt sich von einem Meere zu dem anderen, vom Strom bis an die Enden der Erde. (V. 9 – 10.)

Aber die Begnadigung der Israeliten wird nicht nur darin bestehen, dafs Jahve der Tochter Zion den verheifsenen König sendet, sondern er wird sich auch erinnern an seinen durch das Blut der Opfer geschlossenen Bund, die zur Zeit in der Gefangenschaft unter den Heiden befindlichen Glieder seines Volkes, die Gefangenen der Hoffnung, d. h. die nicht hoffnungslos Verbannten, aus ihrem Elend erlösen und ihnen Doppeltes zurückerstatten. (V. 11—12.)

In der Weise aber soll die Befreiung der Gefangenen vor sich gehen, dafs Jahve Gesammtisrael, indem ihm Juda als Bogen und Ephraim als Pfeil dient, zu einem Kampfe gegen die Griechensöhne erweckt. In diesem Kampfe schwebt Jahve, der mit dem Blitze streitende und in Sturmeswettern ihnen mit der Donnerposaune das Zeichen gebende Gott über ihnen und schirmt sie, dafs sie bei der Besiegung der Feinde die ihnen entgegengeworfenen Schleudersteine als nicht treffende kraftlose Geschosse niedertreten, das Blut der Feinde in vollen Zügen bis zur Berauschung trinken und von ihm voll werden, wie die Opferschale und die Altarecken. So hilft er ihnen dann, wie ein Hirte seiner Herde, und sie werden Edelsteinen als sein erwähltes Volk gleichen. Ja diese ehrende Bezeichnung verdient Israel; denn die Trefflichkeit und Schönheit

---

[1]) Statt des Qerê מִעֲבָה, das Hitzig, Keil wider Heeresmacht, Reufs contre les armées übersetzt, ist das Kethibh מִצָּבָה, das mit Gesenius, Ewald Bleek מַעֲבָה oder מַצָּבָה zu punktieren ist und „Schutzwehr bedeutet, zu lesen.

des Volkes¹), zu welcher dasselbe erblühen wird, soll grofs sein. (V. 13—17.)

Kapitel 10.

Nachdem der Profet am Schlusse des vorigen Kapitels die Güter, mit denen das Volk gesegnet werden wird, geschildert hat, ermahnt er sie, sich auch an den, der der Geber dieser Güter ist, an Jahve mit ihren Bitten zu wenden und nicht ihr Vertrauen auf den Götzendienst mit seinem Gefolge von Wahrsagerei und falschen Profetentume zu setzen; nur weil sie darauf vertrauen, gleicht das Volk, das den wahren Hirten von sich weist, einer hirtenlosen Herde. (V. 1—2.)

Allerdings giebt es ja Hirten, verbessert er sich, aber diesen Hirten steht das Gericht Jahves bevor, der sich seiner Herde, des Hauses Juda, annehmen will. Gute Hirten anstatt der schlechten, wahre Stützen und Leiter des Volkes sollen aus Juda²) hervorgehen und mit Jahves Hülfe werden sie die Reiter auf Rossen besiegen. (V. 3—5.)

So verleiht Jahve Stärke dem Hause Juda, aber auch der anderen Hälfte des Volkes Israel, dem Hause Joseph, will er helfen und es wiederum im Lande wohnen lassen³), als wäre kein Zorn und Züchtigung gewesen. Ephraim soll wie ein Riese werden und seine Kinder sollen es sehen und ihr Herz sich freuen über Jahve. Wenn Jahve auch in nächster Zukunft Ephraim unter die Heidenvölker zerstreuen wird, so werden sie dennoch auch in der Verbannung seiner gedenken, und sobald er ihnen zischen wird wie

---

¹) Nach Ewald, welcher 9, 17 zu 10, 1 zieht, bezieht sich „seine Trefflichkeit uud seine Schönheit" auf Jahve, was aber in den Zusammenbang nicht so gut pafst, wie die Beziehung auf das Volk. Der Ausdruck יְפִי von Jahve findet sich auch sonst an keiner Stelle des alten Testaments.

²) מִמֶּנּוּ kann wahrscheinlich nur auf Juda (Knobel, Ewald, Keil) bezogen werden, nicht auf Jahve (Hitzig, von Ortenberg, Reufs, Stade), da dann nach dem Zusammenhange מֵעִמּוֹ stehen würde.

³) וְהוֹשַׁבְתִּים ist verschrieben aus הוֹשַׁבְתִּים = ich will sie wohnen machen, wie auch einige Kodices lesen (nach Gesenius, Bleek, König). Dem Abschreiber lag wahrscheinlich וְהֲשִׁיבוֹתִים X. 10 im Sinne. Eine Mischform mit Hitzig anzunehmen ist unnötig.

ein Dienenvater den Bienen, werden sie auf dieses Zeichen erlöst zurückkehren. (V. 6—9.)

Aus Ägypten und Assur, den Ländern ihrer Verbannung, kehren sie heim und in Gilead und im Lande am Libanon, wo sie angesiedelt werden, gebricht es sogar an Raum für die Zurückkehrenden. Da wiederholt sich dann der frühere Auszug aus Ägypten und Durchzug durch das rote Meer unter der Führung Jahves. Er läfst sie hindurchziehen durch das Meer der Enge, das angstvolle ägyptische Meer, und beschwichtigt das von Wellen erregte, so dafs alle Tiefen desselben austrocknen[1]). Nachdem so die Israeliten frei geworden, ist der Stolz Assurs gedemütigt und von Ägypten weicht das Königsscepter, Ephraim aber erlangt Stärke und wandelt in dem Namen Jahves. (V. 10—12.)

Kapitel 11.

Nachdem der Profet in Kapitel 9 und 10 das Gericht über die Heidenvölker und die lichte Zukunft Israels in der messianischen

---

[1]) Vers X, 11, wie er von den Massorethen punktiert ist, giebt nach unserer Meinung keinen passenden Sinn. Es ist zunächst notwendig mit Ewald בְּיָם צָרָה d. h. d. Meer der Bedrängnis und בְּיָם גַּלִּים d. h. das Meer der Wellen = das von Wellen erregte Meer zu punktieren. Dann bleibt aber noch immer eine Schwierigkeit in den Worten: הֹבִישׁוּ כֹּל מְצוּלוֹת יְאֹר, wo die Übersetzung keines Kommentators befriedigt; denn man kann nicht mit Ewald übersetzen: „Und es versiegen alle Tiefen des Flusses", scl. des Euphrats, da יְאֹר ein ursprünglich koptisches Wort „iaro" sonst nur den Nil im Hebräischen bezeichnet und erst sehr spät Daniel XII, 5 ff., wo man die ursprüngliche Ableitung nicht mehr kannte, für den Tigris gebraucht wird. Wenn wir aber aus dem Sinne heraus eine Konjektur machen wollen, so wäre für הַיָם = יְאֹר sehr passend. Der Gedankengang von Sach. X, 11 ff. wären dann folgender: Bei der Befreiung der Gefangenen Ephraims aus Assur und Ägypten, die der Verfasser verkündet, erinnert er sich an den alten Auszug Israels aus Ägypten und Durchzug durchs rote Meer. Er schildert ihn ähnlich wie im Moselied Ex. 15, 8: „Er schreitet durch das Meer der Enge, schlägt das von Wellen erregte Meer und alle Tiefen des Meeres vertrocknen." יְאֹר könnte dann eine in den Text geratene Glosse eines Erklärers, der unter יָם den Nil verstand, sein. Hält man an der Lesart יְאֹר fest, so ist absolut unverständlich, warum die Tiefen des Nils austrocknen sollen, nachdem vorher der Durchzug durchs rote Meer geschildert ist.

Zeit geschildert hat, geht er in diesem Kapitel und 13, 7—9 mit einem Rückblicke auf die nächste Vergangenheit zur Schilderung der traurigen Gegenwart über und zeigt, dafs erst, wenn in Israel dem Frevel ein Ende gemacht sei, sich die messianische Zeit mit ihren Segnungen verwirklichen kann.

In hochpoetischer dramatischer Rede schildert er zunächst die Verwüstung des Landes am Libanon. Die Cedern und Cypressen des unzugänglichen Libanon frifst das Feuer, und die herrlichen Eichenwaldungen Basans werden niedergeschlagen, so dafs die Hirten laut klagen über die Verwüstung des trefflichen Weidebodens Basans und die jungen Löwen brüllen, weil das an den Jordanufer üppig wachsende Gebüsch, das ihnen einen sicheren Lagerplatz bot, der Verheerung anheim gefallen ist[1]). (V. 1—3.)

Nachdem er nun jenes Ungewitter, welches die schönen Länder des Nordreiches am Libanon und Basan so schwer getroffen hat, geschildert, beginnt er jetzt, uns einen Rückblick auf seine Thätigkeit in diesem Reiche zu geben. Von Jahve hat er den Auftrag erhalten, das Amt eines Hirten zu übernehmen. Eine Schlachtherde ist es aber, die er weiden soll; denn ihre bisherigen Herren schlachteten sie hin, ohne Schuld zu tragen, verkauften sie, um sich zu bereichern. Und dieses Wüten der Fürsten gegen ihre Unterthanen geschah mit dem Willen Jahves, der das Volk nicht mehr schonen, sondern dem Schrecken der Bürgerkriege überlassen wollte. (V. 4—6.)

Diese zu weiden erhält also der Profet den Auftrag von Jahve, dem er sich willig unterzieht. Um dieses Amt aber zu verwalten,

---

[1]) Die Worte אֲשֶׁר אַדִּירִים שֹׂדְדִי siud als eine spätere Glosse zu streichen, da sie den Parallelismus der Glieder vollständig zerstören. (Burger, von Ortenberg, Stade.) Eine Wiedergabe der Stelle läfst diese Worte sogleich als späteren Zusatz erkennen. „Öffne, Libanon, deine Thore, — dafs Feuer fresse deine Cedern, Heule, Cypresse, — dafs gefallen ist die Ceder. Heule Eichen Basans, — dafs gesunken der unzugängliche Wald. Horch den Jammer der Hirten — dafs verwüstet ist ihre Pracht. Horch das Brüllen der jungen Löwen — dafs verwüstet der Stolz des Jordan". Sobald aber dieser Zusatz fortfällt, ist es ganz unmöglich die Schilderung als Allegorie zu fassen und wie die meisten Ausleger unter den Hirten die Fürsten zu verstehen.

nimmt er nicht den Herrscherstab, sondern zwei Stäbe „Huld" und „die Verbündeten", die die zwiefache Art des Heils abbilden, welche dem Volke durch die Hut des guten Hirten zugewendet werden soll. Zunächst beseitigt nun der Profet die drei vorhandenen Hirten in einem Monate; jedoch da das Volk seiner überdrüssig wird und sich keine Besserung bei ihnen zeigt, beschliefst er sein Hirtenamt aufzugeben und sie ihrem Schicksale zu überlassen, so dafs sie sich gegenseitig aufreiben. Zum Zeichen, dafs er hinfort die Herde nicht mehr weiden will, zerbricht er den ersten Stab „Huld", um damit anzuzeigen, dafs Jahve der Herrschaft über Ephraim sich begebe, den zu ihren Gunsten einst mit den Völkern geschlossenen Vertrag aufhebe und sie den Angriffen der Heiden preisgeben werde. Am Eintreffen dessen, was das Zerbrechen des Stabes bedeutete, erkannten dann die Schafe, welche auf Jahve achteten, dafs der Profet die Wahrheit gesprochen hatte. (V. 7—11.)

Aber bei der Aufgabe seines Hirtenamts fordert der Profet einen Lohn und erhält dreifsig Schekel, den Preis, welchen man für einen leibeigenen Knecht bezahlte. Da der Profet die Herde im Namen Jahves weidete, so betrachtet Jahve den seinem Diener gezahlten Lohn als ihm selber gezahlt, als eine Abschätzung seines persönlichen Wirkens für das Volk, und befiehlt dem Profeten, die dreifsig Schekel in den Tempelschatz[1]) zu werfen, damit dieses Spottgeld als ein Zeugnis der Undankbarkeit Ephraims vor Jahves Angesicht gebracht werde. Infolge dieser schmählichen Ablohnung seines Dienstes zerbricht der Hirte des Herrn auch den zweiten Stab „die Verbündeten", wodurch das friedliche Verhältnis zwischen den beiden Reichen Juda und Ephraim aufhört. (V. 12—14.)

Nachdem Ephraim durch seinen Sünden den guten Hirten genötigt hat, sein Hirtenamt aufzugeben, bleibt es sich nicht selbst überlassen, sondern wird in die Hand eines thörichten Hirten ge-

---

[1]) אֶל־הַיּוֹצֵר = zum Töpfer (Hengstenberg, Keil, Bredenkamp) ist eine Punktation, die an dieser Stelle keinen passenden Sinn giebt. Es ist dafür (nach Hitzig, Ewald, Reofs, Stade) אֶל־הָאוֹצָר zu punktieren, was dann als eine aramaisierende Schreibung von אוֹצָר = Schatz des Tempels (vgl. 1. König. VII, 51) zu erklären ist. Diese Lesart findet auch ihre Bestätigung durch die LXX εἰς τὸ χωνευτήριον = ins Schmelzhaus (Schatzhaus).

geben, der es zu Grunde richtet. Dieses wird wieder von dem Profeten symbolisch erzählt. Auf Jahves Befehl nimmt der Profet das Gerät eines thörichten Hirten, um das Wirken desselben abzubilden. Dieser Hirte vernachlässigt nicht nur die Herde, sondern vergreift sich auch an ihr, zehrt sie gänzlich auf. (V. 15—16.) Aber dabei kann die göttliche Gerechtigkeit nicht stehen bleiben. In profetischer Ahnung verkündet er dem schlechten Hirten die Strafe des Schwertes Jahves. Dem Bilde des Hirten gemäfs droht er ihm den Verlust seines Armes und seines rechten Auges, weil er mit dem Auge die Herde bewachen und mit dem Arm sie beschützen sollte. Das göttliche Racheschwert soll ihn treffen, ihn, der sich frevelhaft Mann der Gemeinschaft Jahves nennt. Nachdem der Hirte die gerechte Strafe erhalten, zerstreut sich die Herde. Jahve aber nimmt sich der Kleinen und Schwachen an. Zwei Drittteile des Volkes sind ausgerottet und nur noch ein Drittteil ist im Lande übrig geblieben. Auch dies mufs noch durch Prüfungen scharf geläutert werden, bis dann eine von allem sündlichen Wesen gereinigte Gemeinde, ein wahrhaft heiliges Gottesvolk, entsteht[1]). (XI, 17 bis XIII, 7—9.)

Kapitel 12—14.

Diese Profetie gliedert sich in zwei Teile. Im ersten Teile Kap. 12—13, 6 schildert der Profet eine Belagerung Jerusalems durch die Völker von ringsumher. Durch Jahve wird es aber

---

[1]) XIII, 7—9 ist mit XI, 17 (nach Ewald, Schrader, von Ortenberg, Dillmann, Stade) zu verbinden; denn XIII, 6 ff. pafst dieses Stück gar nicht in den Zusammenhang, weil dort weder von einem Hirten die Rede ist, noch ein Anlafs zur Drohung, die XIII, 7—9 ausgesprochen wird, berichtet ist. Ebenso kann dieses Stück nicht zu Kapitel XIV gehören, weil hier eine neue Weissagung einsetzt. Andererseits ist der XI, 17 gegen den schlechten Hirten ausgesprochene Fluch kein passender Schlufs der Profetie IX—XI und erst XIII, 7—9 giebt Aufschlufs über das definitive Schicksal der Herde. Auf welche Weise allerdings XIII, 7—9 von seiner ursprünglichen Stellung am Schlusse von Kapitel XI an den Schlufs von Kapitel XIII gekommen ist, ist uns unbekannt, und sind die darüber aufgestellten Hypothesen nicht wahrscheinlich; jedenfalls ist dieses kein Grund dagegen, da auch im Buche Jesaia und Jeremia vielfach Stücke an eine falsche Stelle aus nicht mehr bekannten Gründen zu stehen gekommen sind.

wunderbar errettet und die messianische Zeit nimmt nun ihren Anfang.

Kapitel 12.

Ein göttliches Gericht wird Jerusalem angekündigt[1]). Um von vornherein jeden Zweifel an der Verwirklichung dieses Profetenwortes zu beseitigen, wird Jahve, der Schöpfer und Erhalter des Weltalls, auch als der, welcher den menschlichen Geist gestaltet und leitet, bezeichnet. (V. 1.)
Dieses Gericht wird in einem gewaltigen Angriff der ringsumwohnenden Völker auf die heilige Stadt bestehen, so dafs auch Juda gezwungen wird wider Jerusalem auszuziehen[2]). Doch zu ihrem eigenen Nachteile werden die Völker Jerusalem bekriegen, Jahve wird es zum Taumelbecher machen, welcher die Völker trunken macht, dafs sie betäubt und besiegt niederfallen, es wird ihnen ein Laststein werden, den sie vergeblich zu heben suchen, bei dem Versuche sich selbst verwundend. Sinn und Geist der feindlichen Heeresmacht wird durch Jahve verwirrt und ihre Rosse scheu, aber die Judäer im Vertrauen, dafs ihnen Jahve in dem Beistand der Bewohner Jerusalems Stärke und Macht gegeben hat, fühlen sich voll höheren Mutes[3]). (V. 2—5.)

---

[1]) Die Überschrift XII, 1 wird am Schlusse der Abhandlung bei der Frage, wie erhielt Sach. 12—14 diese Stellung im Profetenkanon, näher untersucht werden.

[2]) וְגַם עַל יְהוּדָה יִהְיֶה בַמָּצוֹר עַל יְרוּשָׁלָיִם. Nach den Accenten ist יִהְיֶה mit בַּמָּצוֹר verbunden, und kann daher nur der Sinn der Worte sein: „Auch Juda wird gezwungen werden belagernd auszuziehen — wider Jerusalem", (so Stade, Hitzig, Ewald, Maurer gegen Reufs, Keil, Hengstenberg). Diese Erklärung findet auch ihre Bestätigung durch XII, 5 ff.

[3]) אַמְצָה לִי יֹשְׁבֵי יְרוּשָׁלַיִם בַּיהוָה צְבָאוֹת אֱלֹהֵיהֶם ist nur zu erklären: in dem Beistand der Bewohner Jerusalems hat mir (scl. den Häuptlingen Judas) Jahve Stärke gegeben. Die Erklärung Ewalds, „dafs die Judäer durch die Nähe Jerusalems wunderbar gestärkt werden" erfordert notwendig statt „Bewohner Jerusalems" „Jerusalem" zu lesen. Auch die Erklärung Scheggs, der die Worte fafst: „mein Sieg durch den Herren sind die Einwohner Jerusalems" d. h. um ihretwillen wird uns Gott den Sieg verleihen, ist unmöglich, da sie im Widerspruch mit XII, 7 steht.

Von feuriger Begeisterung ergriffen werden sie ihren Mitstreitern so gefährlich wie ein Feuerbecken unter Holzstücken oder eine Feuerfackel unter Garben, dafs sie gleich Feuerflammen die gegen Jerusalem kriegführenden Völker von ringsumher vernichten, und Jerusalem unerobert und unzerstört an seinem Platze bleibt. Aber zuerst wird Jahve die Landschaft Juda erretten und dann erst die Hauptstadt Jerusalem, damit sich diese nicht zu sehr über jene erhebe. (V. 5—7.)

In dem Kampfe aber wider die Völker wird Jahve die Bewohner Jerusalems mit wunderbarer Kraft ausrüsten. Die Schwachen und Unkriegerischen unter der Einwohnerschaft sollen David gleichen, und die Führer, das David-Haus sollen sogar zu übermenschlichen Wesen werden, wie der Engel Jahves, der vor Israel herzog[1]). Während so die Bewohner Jerusalems gestärkt werden, wird der Herr alle Völker, welche Jerusalem belagerten, zu vernichten trachten. (V. 8—9.)

Jedoch der Herr wird noch mehr für sein Volk thun. Er wird es auch durch die Ausgiefsung des Geistes der Gnade und des Gnadenflehens innerlich erneuern, dafs sie in Erkenntnis ihrer Sünde über den von ihnen getöteten Profeten wie über den einzigen Sohn oder den Erstgeborenen bitter klagen[2]). So tief wird ihre Trauer um ihn sein, wie die Trauer um den frommen König Josia zu Hadadramman[3]), der im Thale Megiddo tötlich verwundet wurde.

---
[1]) Über Sach. 12, 8 vgl. S. 32.

[2]) Für וְהִבִּיטוּ אֵלַי XII, 10 ist mit vielen Handschriften אֵלָיו zu lesen, da die erste Person den folgenden Worten וְסָפְדוּ עָלָיו widerstrebt und, da sonst im alten Testamente es nirgends vorkommt, dafs man über Jahve, auf den nur אֵלָיו zu beziehen wäre, wie über einen Toten eine Trauerklage anstimmt (so Ewald gegen Hengstenberg, Köhler, Pressel). Bei dieser Lesart ist auch keine Konjektur (Bleek, von Ortenberg) nötig.

[3]) XII, 11. Nach Schrader „Keilinschriften und altes Testament" ist der Name הֲדַדְרִמּוֹן eine Zusammensetzung aus dem syrischen Gott „Hadad" und dem identischen assyrischen Rammän; Hadad-Rammän = der Himmelsgott Hadad als Wettergott gedacht, wie Ζεὺς βροντήσιος (Juppiter tonans). Die Vokalisation der Punktatoren רִמֹּן als רִמּוֹן (Granatapfel) beruht auf reiner Vermutung, da ihnen der Name völlig unverständlich war. Dieser nach dem Gotte genannte Ort lag nach Hieronymus, der in Palästina Bescheid weifs, in der Ebene Megiddo, wie auch Ewald, Baudissin „Studien zur semitischen

Aber nicht Jerusalem allein wird klagen, sondern auch das ganze Land. Alle Geschlechter und Familien des Volkes, nicht nur die Männer, sondern auch die Weiber werden sich an der Trauer beteiligen. Um die Allgemeinheit der Trauer zu schildern, zählt der Profet nun vier Geschlechter besonders auf, zwei aus königlichem Stamm, das Davids und Nathans und zwei aus dem Priesterstamme, das Levis und Simeis.[1]) Beide Male ist ein Hauptgeschlecht und ein untergeordnetes Zweiggeschlecht genannt, um anzudeuten, dafs nicht nur alle Geschlechter, sondern auch alle einzelnen Zweige des Volkes von gleicher Trauer ergriffen sein werden. (V. 10—14.)

Kapitel 13.

Nachdem der Profet im vorigen Kapitel das Ereignis, mit dem die messianische Zeit anbrechen wird, erzählt hat, beschreibt er hier die gänzliche Umwandlung des Volkes. Eine Quelle, deren Wasser alle Sünde und Unreinigkeit tilgt, wird sich öffnen für das Haus Davids und die Einwohner von Jerusalem. Diese Reinigung wird ein neues Leben in der Gemeinschaft mit Jahve zur Folge haben, indem er selbst alles, was dieses hindern könnte, beseitigen will. Insbesondere werden dann der Götzendienst und jeder unreine Geist ja auch der profetische verschwinden. (V. 1—2.)

Weil schon die grofse Mafse der Profeten entartet ist, so verkündet er ein Ende aller Profetie in der messianischen Zeit. Jeder, der sich dann noch rühmt höhere Einsicht als andere zu besitzen, wird von seinen eignen Eltern als Lügner entlarvt und ge-

---

Religionsgeschichte" Abth. II annehmen. Es kann also hier nur die Trauer um den Tod des Josia, der im Thale Megiddo fiel, gemeint sein. Hitzigs Erklärung, der auch Movers, Reufs und Wellhausen „Göttinger gelehrte Anzeigen" 1877 S. 185 beistimmen, Hadadrimmon == Adonis ist nicht zu belegen und giebt keinen passenden Sinn, da der Verfasser wohl kaum die Trauer um einen Profeten mit der Klage um einen heidnischen Gott verglichen hätte.

[1]) XIII, 14 ist unter dem Geschlechte Nathans sicher der II. Sam. V, 14 erwähnte Sohn Davids (Reufs) und unter Simei der IV. Mos. III, 18 erwähnte Enkel Levis (Ewald, Hengstenberg, Schegg, Keil) zu verstehen. Die Erklärung Hitzigs Geschlecht Simei = der Stamm der Simeoniten, was הַשִּׁמְעֹנִי heifsen müfste, Nathan = der Stamm Juda, David = der Stamm Benjamin mufs wohl abgelehnt werden.

tötet werden. In jener Zeit werden auch die, welche sich mit falscher Profetie abgegeben haben, nicht mehr Profeten sein wollen, nicht mehr den rauhen Mantel der alten Profeten anlegen, sondern offen bekennen, dafs sie Ackersknechte, die sich für Profeten ausgaben, sind. Und wenn man dann einen von diesen Leuten etwa fragt, woher die Wunden[1]) zwischen seinen Händen stammen, so wird er versichern, dafs diese ihm von seinen eignen Verwandten, weil er sich die Profetie anmafste, geschlagen worden sind. (V. 3—6.)

Kapitel 14.

Im zweiten Teile der Profetie Kap. 12—14 wird uns wieder eine Belagerung Jerusalems durch die Heidenwelt geschildert, die aber dieses Mal zur Eroberung der heiligen Stadt führt. Wenn aber auch Jerusalem den Greuel der Eroberung wird dulden müssen, so wird sich dennoch Jahve als Retter seines Volkes bewähren und nach Vernichtung der Heiden die Segnungen der messianischen Zeit herbeiführen.

Kapitel 14.

Ein Tag Jahves, an dem seine Herrlichkeit offenbar wird, kommt. Zunächst bringt er zwar Unglück und Verderben über Jerusalem. Der Herr versammelt alle Heiden zum Kriege wider die Stadt, die erobert wird, deren Häuser geplündert und deren Weiber geschändet werden. Die Hälfte der Stadt zieht in die Gefangenschaft, aber der Rest des Volkes bleibt in der Stadt zurück. (V. 1—2.)

Jetzt kommt Jahve, wie er einst kriegerisch für Israel auszog, kämpfend seinem Volke zu Hülfe. Er erscheint auf dem Ölberg und dieser spaltet sich, so dafs ein grofses Tal, das ganz nahe[2]) an die

---

[1]) XIII, 6 hält Reufs und ähnlich Keil die Wunden für „*incisions sur leur corps, que les prophètes faisaient.*" Es wird uns allerdings 1. Köng. 18,28 von den Baalprofeten berichtet, dafs sie sich selbst Wunden beibrachten und auch Lev. 21, 5 und Deut. 14, 1 wird den Israeliten das Tätovieren verboten, dennoch können nach Sach. XIII, 3 (mit Hitzig und Ewald) nur die Wunden, die dem Profeten von seinen Verwandten für die Anmafsung der Profetie geschlagen sind, gemeint sein.

[2]) Für אֶל־אָצַל = bis Azal ist wohl besser אֶל־אֵצֶל = bis zur Seite, nebenan scl. von Jerusalem zu punktieren (Köhler); denn ein Ort Azal (Hitzig, Keil etc.) in der Nähe Jerusalems ist nicht bekannt, da man die Lage des Mich. 1, 11 genannten בֵּית הָאֵצֶל nicht näher kennt.

Thore Jerusalems heranreicht, entsteht, wohin sich die Einwohner Jerusalems flüchten. Wie einst zur Zeit Usias vor dem gewaltigen Erdbeben, so werden sie dann fliehen, wenn Jahve kommt, umgeben von seinen heiligen Engeln. (V. 3 - 5.) Wunderbar gestaltet sich aber alles an diesem Tage Jahves, den nur er kennt. Kein Licht wird sein, alles erstarrt zu Eis[1]). Es ist weder Tag noch Nacht, aber gegen die Zeit der Abenddämmerung wird es plötzlich lichter Tag. (V. 6—7.)

Lebendige Wasser durchströmen dann von Jerusalem aus das ganze Land, und ergiefsen sich in das östliche, tote, und das westliche, mittelländische Meer und auch im Sommer versiegen sie nicht. Zu diesem Segen des Landes kommt noch der höhere Segen: alle Völker werden Jahve erkennen. Sie alle werden erkennen, dafs er einer ist, als der eine grofse König wird er von allen empfunden werden und sein Name wird auch einer sein, indem alle ihn ebenso anrufen und verehren. (V. 8—9.)

Alsdann wird auch der irdische Boden des Reiches Jahves eine Wandlung erfahren. Das ganze Land von Geba im Norden bis Rimmon im Süden Jerusalems wird zur Ebne. Jerusalem aber, die hochgelegene Hauptstadt, bleibt allein hoch und erhaben unverändert an seiner Stelle, seinem ganzen Umfange nach von dem Benjamin-Thore bis an das Thor der Ecken, vom Turme Hananel bis zu den königlichen Keltern. In dieser also verherrlichten Stadt werden auch die Einwohner sich vor jedem feindlichem Angriffe sicher fühlend als ein heiliges Volk wohnen; denn kein Bann, der die Sünde voraussetzt und die Ausrottung nach sich zieht, wird mehr in ihr sein. (V. 10—11.)

Nach dem Heile der Israeliten wird uns ein furchtbares Bild der Bestrafung der Völker, welche gegen Jerusalem Krieg geführt

---

[1]) XIV, 6 יְקָרוֹת יִקְפָּאוּן = zu Eis erstarren sie. (Fürst „Hebräisches Wörterbuch III. Aufl. v. Ryssel II, 323 und I, 540), wo יקרות im Sinne von קָרָה (Nah 3, 17) und des Adjektivum יָקָר (von יָקַר) Sp. 17, 27 genommen ist. Das Q⁰ rê יְקָרוֹת וְקִפָּאוֹן und. die) Konjektur Hitzigs וְקָרוֹת וְקִפָּאוֹן = Kälte und Eis geben denselben Sinn, doch ist kein Grund das Kethibh zu verwerfen. Die Übersetzung von Gesenius, Keil, Stade: „die glänzenden verfinstern sich" ist zurückzuweisen.

haben, vor Augen geführt. Während sie noch auf ihren Füfsen stehen, beginnt ihr ganzer Leib zu verwesen; durch ihre eigenen Waffen vernichten sie sich dann gegenseitig. Auch die Beihülfe der Landschaft Juda, welche gegen Jerusalem streiten mufste, wird ihnen nichts helfen, sie werden besiegt und die kostbaren Güter der Heiden, Gold, Silber und Kleider, die sie in ihrem Lager mit sich führten, werden erbeutet. Die Strafe der Heiden erstreckt sich sogar soweit, dafs auch ihre Streit- und Lasttiere von dem Schlage Jahves betroffen werden und derselben Plage wie die Menschen zum Opfer fallen. (V. 12—15).

Doch nicht alle Heiden werden durch das Gericht vertilgt, der Rest von ihnen bekehrt sich und wird nun alljährlich nach Jerusalem heraufziehen, um den König Jahve der Heerscharen anzubeten und das Laubhüttenfest zu feiern. Sollte aber einmal eine Nachlässigkeit eintreten und ein Volk nicht hinaufziehen nach Jerusalem, so wird sie Jahve mit Entziehung des Regens strafen. Ägypten in Sonderheit wird diese Strafe erfahren, wenn es nicht auch mit den anderen Völkern nach Jerusalem kommt und das Laubhüttenfest feiert[1]). (V. 16—19.)

Alsdann wird alles ohne Unterschied Jahve geheiligt sein, die Schellen der Rosse werden so heilig wie die Stirnplatte des Hohenpriesters sein, und die Töpfe im Heiligtume, die zum Kochen des Opferfleisches dienten, wie die vor dem Brandopferaltar aufgestellten Opferschaalen, ja sogar alle Töpfe in Jerusalem und Juda werden heilig sein, dafs der freie Gebrauch derselben jedem Opferer offen steht. Dann soll auch kein Kananiter[2]), kein Unreiner, mehr im Heiligtume Jahves sein. (V. 20—21.)

---

[1]) XIV, 18. Nach der LXX ist das dritte לֹא mit Ewald zu streichen, so dafs der Vers lautet: „Und wenn Ägyptens Geschlecht nicht hinaufzieht und nicht kommt, so wird auch über es der Schlag fahren, mit dem Jahve die Völker schlägt". Dieses allein giebt einen passenden Sinn. Die Auffassung (Hitzigs, Reufs', Stades), wonach der Verfasser sich erinnert habe, dafs Ägypten bei dem regelmäfsigen Steigen des Nils nicht durch Regenentziehung gestraft werden könnte und diesem Lande eine andere Strafe angedroht hätte, die in XIV, 18 ausgefallen wäre, ist unwahrscheinlich.

[2]) Unter כְּנַעֲנִי XIV, 21 (ist mit Ewald, Keil, Reufs) ein Unreiner, ein Angehöriger eines dem Fluche verfallenen Volkes zu verstehen. Die Deutung Hitzigs Kananiter = Kaufmann nach Prov. 31. 24 einer, der Töpfe zum Opfern im Tempel feil bietet, ist zurückzuweisen.

II. Untersuchung des Verhältnisses von Sach. 9—14 zu den übrigen Weissagungen.

Bevor wir das Verhältnis von Sach. 9—14 zu den übrigen Weissagungen untersuchen, müssen wir uns in einem Überblick vergegenwärtigen, in welcher Zeit die einzelnen Profetenbücher, die hier in Betracht kommen, abgefafst worden sind. Erst nachdem wir die Abfassungszeit dieser Profetenbücher festgestellt haben, können wir einen sicheren Schlufs über die Zeit der in Sach. 9—14 enthaltenen Profetien machen. Die Begründung dieser Ansichten betreffs der Abfassungszeit der einzelnen Bücher müssen wir selbstverständlich voraussetzen, da uns dieselbe viel zu weit von unserem Thema abführen würde.

Der älteste Profet, von dem wir eine Schrift besitzen, ist nach unserer Ansicht der Profet Joel, der wahrscheinlich unter dem König Joas lebte (Movers, Hitzig Dillmann.) Diese Annahme wird allerdings in neuerer Zeit (Vatke, Merx, Stade, Cornill) vielfach bestritten und Joel der nachexilischen Zeit zugewiesen. Auf Joel folgt der Zeit nach Amos, der allgemein in die Zeit Jerobeam II von Israel und Usias von Juda gesetzt wird. Auch über die Zeit der Weissagungen Hoseas aus Israel, der unter Jerobeam II auftrat und vielleicht noch den assyrischen Tribut des Menahem 738 erlebt hat, sind die Ansichten der Kritiker einig. Das Gleiche gilt von der Zeit des Jesaia, der seine Thätigkeit im Todesjahr des Usia begann und sicher noch den Feldzug des Sanherib erlebt hat. Ein jüngerer Zeitgenosse Jesaias war Micha, von dem wir nach De Wette, Schrader, Dillmann das ganze Buch herleiten, wogegen Ewald Mich. 6—7, Stade, Cornill Mich. 4—7 einem anderen Verfasser zusprechen. Von den späteren Profeten kommen besonders Jeremia und Ezechiel für unsere Untersuchung in Betracht. Jeremia weissagte nach allgemeiner Annahme vom 13. Jahr des Josia (Jer. 1, 2; 25, 3) also 627 bis nach dem Untergang des judäischen Reiches, und Ezechiel begann seine Wirksamkeit in den letzten Jahren des Südreiches in Babel und setzte dieselbe, soviel wir wissen, bis zum Jahre 570/69 (Ez. 29, 17) fort. Zeitlich auf Ezechiel folgt die in

Jesaia 40—66 enthaltene Profetie, die in das Ende des Exils, wie von fast allen Forschern angenommen wird, fällt. Von nachexilischen Profeten sind für unsere Untersuchung das Werk des nachexilischen Sacharja (Sach. 1—8), der bis in das vierte Jahr des Darius (518) wirkte, und das Buch Maleachi, das aus der Zeit vor Esra (Bleek, Reufs, Dillmann, Stade, Cornill) 458 stammt, von Bedeutung. Nachdem wir nun die Abfassungszeit der einzelnen in Betracht kommenden Profetenschriften vorausgeschickt haben, wird sich auch ein Zeitraum für die Abfassung von Sach. 9—14 bestimmen lassen, wenn sich ein Verhältnis der schriftstellerischen Beziehung von Sach. 9—14 zu den anderen Profeten nachweisen läfst.

A) Keine schriftstellerische Beziehung kann zunächst nach unserer Meinung zwischen Sach. 9—14 und dem nachexilischen Sacharja[1]), der Profetie des Maleachi und dem Profeten Jesaia gefunden werden.

1) Zunächst können wir keine schriftstellerische Beziehung zwischen Sach. 9—14 und der Profetie des Maleachi finden, welche Stade auf Grund der Stelle Male. 1, 11 ff. vgl. mit Sach. 14, 9 behauptet. Er findet nämlich in Sach. 14 ff. einen Widerspruch gegen die Doktrin des Maleachi. Sach. 14, 9 wird vom Profeten die Erkenntnis Jahves durch alle Völker verkündet, dafs er einer ist, als derselbe eine grofse König von allen empfunden wird und so auch sein Name einer ist, indem ihn alle ebenso anrufen und verehren. Malc. 1, 11 ff. dagegen wird die Drohung ausgesprochen, dafs zur Beschämung Israels und seiner Priester, die Jahve nur schlechte Opfer bringen, auch unter den Heiden der Name des Herrn und Königs Jahve herrlich werden und an allen Orten ihm geopfert werden soll. Beiden Stellen liegt also derselbe Gedanke zu Grunde, den wir auch bei Jesaia (2, 2 ff.) Micha (4, 1 ff.) und Sacharja (8, 22) finden, dafs eine Zeit kommen werde, wo auch die Heidenwelt sich zu Jahve dem einzigen wahren Gotte bekehren werde. Beide Profeten drücken diesen Gedanken gemäfs den Anschauungen ihrer

---

[1]) Was das Verhältnis von Sach. 9—14 zu dem nachexilischen Sacharja (Sach. 1—8) betrifft, so treten wir erst dieser Frage bei Erörterung der Ansicht, ob Sach. 9—14 von demselben Verfasser wie Sach. 1—8 stammt, näher.

Zeit verschieden aus. Während in Sach. 14, 9 die Erkenntnis Jahves durch die Völker wie bei den vorexilischen Parallelen verkündet wird, fafst der weit nach dem Exil lebende Maleachi, der schon grofsen Wert auf die Kultushandlungen legt, den Gedanken in die Form: „an allen Orten soll dem Namen Jahves geräuchert und reines Speisopfer geopfert werden". An eine schriftstellerische Beziehung ist wohl auf Grund dieser Stelle nicht zu denken.

2) Auch zwischen Sach. 9—14 und Jesaia nimmt Stade auf Grund der Stellen Jes. 7, 18 vgl. mit Sach. 10, 7 und Jes. 2, 4 vgl. mit Sach. 9, 10 ein Verhältnis der schriftstellerischen Benutzung des Jesaia durch Sach. 9 ff. an. In Sach. 10, 8 vgl. mit Jes. 7, 18 findet sich nämlich dasselbe Bild von Jahve gebraucht, das des Bienenvaters, der den Bienen zischt oder pfeift, um sie zu sammeln. Dieses Bild ist auf das Herbeirufen der Völker durch Jahve übertragen. Da aber in Palästina viel Bienenzucht getrieben wurde, so ist der häufigere Gebrauch dieses Bildes nicht auffällig, ohne dafs daraus auf eine Abhängigkeit des einen Profeten von dem anderen geschlossen werden mufs. Anders verhält es sich mit Sach. 9, 10 vgl. mit Jes. 2, 4, wo allerdings eine Beziehung besteht. (Stade.) Wahrscheinlich liegt aber hier beiden Profeten eine ältere Profetie, welche auch Mich. 4, 1 benutzt ist, zu Grunde. In dem Ideenkreise berühren sich zwar Jesaia und Sach. 9 ff. noch vielfach: so ist die Schilderung der Person des Messias 9, 9 und die Verkündigung, dafs nur ein Drittteil des Volkes vom Gericht übrig bleiben werde (Sach. 13, 8 ff.), den jesaianischen Gedanken (Jes. 9, 5 ff.) sehr verwandt. Dennoch können diese gedanklichen Berührungen, da sie im Ausdrucke differieren, kaum auf schriftstellerische Beziehung zurückgeführt werden, sondern erklären sich bei der Annahme, die wir später begründen werden, dafs der Verfasser von Sach. 9 ff. dem Jesaia zeitlich nicht fern steht und daher in demselben Ideenkreise lebte. Eine schriftstellerische Beziehung also zwischen Sach. 9—14 und dem Profeten Jesaia scheint mir aus den angeführten Stellen nicht hervorzugehen.

B) Anders ist das Verhältnis von Sach. 9—14 zu anderen profetischen Büchern, wo deutlich nachgewiesen werden kann, dafs hier der eine Profet den anderen gekannt hat. Zunächst ist es das Buch Joel, sowie das des Amos und Hosea, die in Sach. 9—14

benutzt worden sind, was auch allgemein zugestanden wird.
(Hengstenberg, Ewald, Bleek, von Ortenberg, Stade.)

1) Zwischen Joel und Sach. 9—14 finden sich viele Berührungen sowohl im Ausdruck wie im Gedanken, doch zeigt sich Sach. 9—14 durchgängig von Joel abhängig, woraus sich allerdings für uns andere Folgerungen für die Abfassungszeit von Sach. 9—14 ergeben als für Stade, der Joel für nachexilisch hält. Besonders in Joel III und IV und Sacharja XII und XIV finden wir dieselben Vorstellungen von dem Tage Jahves: Das Volk Israel wird von dem Geiste Jahves durchdrungen werden, über die Heiden ergeht aber das Gericht. Auch im einzelnen finden sich trotz vielfach verschiedener Züge viele Ähnlichkeiten. Die Ausgiefsung des Geistes Gottes in der messianischen Zeit Sach. 12, 10 ist ganz nach Joel 3, 1 geschildert. Vielleicht hat dieser Stelle auch noch Jes. 32, 15 als Vorlage gedient. Sach. 14, 5 beginnt der Tag Jahves, wie Joel 4, 16 mit einem Erbeben der Erde. Eine Quelle, die das Land fruchtbar machen wird in der messianischen Zeit, geht von der heiligen Stadt aus. (Sach. 14, 8 vgl. mit Joel 4, 18.) Auch der Schlufsgedanke Sach. 14, 20 ff., dafs in der messianischen Zeit alles Jahve geheiligt sein wird, der hier sehr breit ausgeführt ist, ist aus Joel 4, 17 entlehnt. Ferner in der Stelle Joel 3, 1, wo die Verleihung der Weissagungsgabe an alle in der messianischen Zeit verheifsen wird, und Sach. 13, 3, wo das Aufhören jeder Profetie für diese Zeit in Aussicht genommen ist, findet nach unserer Meinung eine schriftstellerische Beziehung statt. Wir möchten jedoch nicht mit Stade einen bewufsten Gegensatz von Sach. 13 ff. zu Joel annehmen: Joel verkündet unter dem Bilde der Verleihung des Weissagungsgeistes an alle die höchste Erkenntnis Jahves in der messianischen Zeit, Sach. 13, 1 ist der Gedanke entwickelt, dafs in der messianischen Zeit die Profetie aufhören soll, weil keiner mehr höhere Einsicht als der andere besitzen wird, sondern alle zur vollkommenen Erkenntnis Jahves gelangt sind. Der Verfasser von Sach. 13 ff. war also durch die Verhältnisse seiner Zeit veranlafst, dem Gedanken des Joel der vollkommenen Erkenntnis Jahves in der messianischen Zeit eine andere zeitgemäfse Fassung zu geben, weil die Profetie jedenfalls zu seiner Zeit schon entartet war.

2) Zwischen Amos und Sach. 9 ff. zeigt sich eine Verwandtschaft in Ideen und Ausdruck besonders in der Stelle Sach. 9, 5—7 vgl. mit Amos 1, 6—8. (Stade.) In beiden Stellen wird die Vernichtung den einzelnen Städten der Philister angekündigt; dabei sind Sach. 9, 5 ff. fast dieselben Worte gebraucht, nur die Drohungen gegen die einzelnen Städte sind bei Sacharja 9 auf andere übertragen und weiter ausgeführt. Mit gröfster Wahrscheinlichkeit haben daher dem Verfasser von Sach. 9 ff. die Weissagungen des Amos schriftlich vorgelegen und er hat sie benutzt.

3) Eine schriftstellerische Benutzung des Hosea durch Sach. 9—14 läfst sich auch mit ziemlicher Sicherheit nachweisen. (Hengstenberg, Ortenberg, Stade.)

Hierfür ist besonders charakteristisch Hos. 2, 19 vgl. mit Sach. 13, 2, wo die Ausrottung des Götzendienstes in Israel bekämpft wird. Die Ursprünglichkeit bei Hosea kann man nämlich daraus erkennen, dafs Sach. 13, 2 für den speziellen Namen des Götzendienstes, den Hosea im Nordreich zu bekämpfen hatte הַבְּעָלִים, der ganz allgemeine עֲצַבִּים Götzengebilde gebraucht wird. Auch in der Stelle Hos. 2, 25 vgl. mit Sach. 13, 9 findet sich eine deutliche Berührung, da dieselbe Idee, dafs Jahve nach schweren Prüfungen sich seines Volkes erbarmen wird, mit ganz ähnlichen Worten ausgedrückt wird: Jahve wird sprechen „Du bist mein Volk" und das Volk „Mein Gott bist du."

4) Eine schriftstellerische Beziehung zwischen Sach. 9—14 und Jeremia ist unverkennbar. Ein Abhängigkeitsverhältnis beider Profeten ist auch von allen Forschern zugegeben, nur dafs Bleek, Ewald, von Ortenberg in Sach. 9 ff. die Vorlage, Hengstenberg und Stade sie dagegen in Jeremia gefunden haben. Zunächst findet zwischen Jer. 25, 34—38 und Sach. 11, 1—3 unzweifelhaft eine Berührung statt. Hengstenberg und Stade, die Sach. 11, 1—3 unter den Cedern und Eichen allegorisch die Hohen und Mächtigen des Volkes verstehen, trotzdem Stade wie wir die Worte אֲשֶׁר אַדִּירִים שָׂדֵד für eine spätere Glosse hält, können nur auf Grund dieser Erklärung eine Abhängigkeit der Stelle Sach. 11, 1—3 von Jeremia annehmen. Da aber Sach. 11, 1—3 im eigentlichen Sinne von einer Verwüstung der Landschaften am Libanon und Basans zu verstehen ist, was, wie wir später nachweisen werden, auf den

Kriegszug Tiglat-Pilesars zu deuten ist, so ist notwendig Jeremia der Spätere, bei dem diese Stelle sich in einer modificierten Allegorie Jer. 25, 34—38 wiederfindet. Auch der Ausdruck Sach. 11, 3 נְאוֹן הַיַּרְדֵּן ist mehr technischer Ausdruck bei Jeremia 12, 5; 49, 19; 50, 44, da er נְאוֹן nur in der Zusammenstellung mit הַיַּרְדֵּן braucht, während der Verfasser von Sach. 9 ff. auch 10, 12 von einem נְאוֹן Assurs spricht. Ferner in den Stellen Sach. 10, 3—12 vgl. mit Jeremia 23, 1—8 ist es deutlich, dafs hier eine schriftstellerische Anlehnung auf einer Seite zu finden ist. In beiden Abschnitten wird den schlechten Hirten des Volkes die Strafe Jahves und die Sammlung der zerstreuten Israeliten verkündet und zwar finden sich in Gedanken und Worten viele Ähnlichkeiten, z. B. berühren sich sprachlich: Sach. 10, 3 עַל־הָעַתּוּדִים אֶפְקוֹד vgl. mit Jer. 23, 2 הִנְנִי פֹקֵד אֶת רֹעַ מַעַלְלֵיכֶם. Für die Priorität von Sach. 10, 3—12 scheint mir folgendes zu sprechen: der Gedanke Sach. 10, 6: „Ich will stärken das Haus Juda und dem Hause Joseph will ich helfen" ist bei Jeremia, zu dessen Zeiten das Reich Israel nicht mehr bestand, dahin gewandt: „In seinen (scl. des Messias) Tagen wird Juda geholfen werden und Israel soll sicher wohnen" d. h. Israel soll sich wieder des Besitzes seines Landes freuen. Aus diesen Stellen sehen wir, dafs eine Beziehung zwischen Sach. 9 ff. und Jeremia besteht, die Abhängigkeit jedoch auf Seiten Jeremias zu suchen ist.

5) Das Verhältnis von Ezechiel zu Sach. 9 ff. wird ähnlich wie das des Jeremia beurteilt. Hengstenberg und Stade halten Ezechiel, von Ortenberg Sach. 9—14 für den Ursprünglicheren. Besonders in Ez. 34 finden sich starke Berührungen in Ideen wie in Ausdruck mit Sach. 11, 4—7; 13, 7—9 Bei dem Verfasser von Sach. 11 ff. wird dem ungetreuen Hirten das Gericht angekündigt. Der Profet, der das Hirtenamt im Auftrage Jahves übernimmt, beseitigt in einem Monate die drei vorhandenen Hirten. Da ihm aber mit Undank gelohnt wird, so giebt er sein Hirtenamt auf und das Volk kommt wieder unter die Herrschaft eines thörichten Hirten, durch den es zu Grunde gerichtet wird. Diesem Hirten verkündet der Profet das Gericht, dem Drittteil aber des Volkes, das durch Leid geläutert übrig bleiben soll, verheifst er, dafs es Jahve zu einem wahrhaften heiligen Gottesvolk machen wird. Ganz ähnlich wird uns auch Ez. 34 geschildert, wie die untreuen Hirten

des Volkes bestraft werden sollen, wie aber endlich Jahve sich aus Mitleid seines Volkes annimmt und in seinem Knechte David einen guten Hirten erweckt, der sie weiden soll. In Sach. 11, 4 ff. finden wir deutliche Beziehungen auf die Zeit: „drei Hirten werden in einem Monate getötet", „ein schlechter Hirte richtet das Volk zu Grunde", „bei der Unsicherheit der Verhältnisse wird der eine der Hand des anderen und der seines Königs überliefert". Alle diese individualistischen Züge hat Ezechiel entfernt und nur die Idee der Strafe der ungetreuen Hirten durch Jahve und der Liebe Jahves zu seinem Volke, dem er im Messias einen wahren Hirten geben wird, eine Idee, die natürlich auch für seine Zeit ihren Wert behalten hatte, trägt er ohne bestimmte zeitgeschichtliche Anknüpfungen vor und lehnt sich dabei auch im Ausdrucke vielfach an die älteren Profeten an. Auch in Ez. 38 und 39 finden sich Berührungen mit Sach. 14. In Sach. 14 wird ein Tag Jahves geschildert, wie die Heidenvölker sich wider Jerusalem lagern und es erobern. Dann aber erhebt sich Jahve für seine Stadt und das Heer der Feinde wird gänzlich vernichtet. Diese Idee, indem er aber vielfach neue Züge hinzusetzt und andere fortläfst, legt Ez. seiner Schilderung der Kriegszüge und Vernichtung Gogs, worunter die Weltmacht zu verstehen ist, zu Grunde, und ausdrücklich an zwei Stellen Ez. 38, 17 und 39, 8 beruft er sich auf einen früheren Profeten, der auch von diesem Angriff der Weltmacht auf Israel und von dem Tage des Herrn geredet hätte, so dafs an eine Abhängigkeit Ezechiels von Sach. 14 nicht zu zweifeln ist. Auch an anderen Stellen, z. B. Ez. 36, 25, wo die geistige Erneuerung in der messianischen Zeit, wie Sach. 13, 1, oder Ez. 47, 1, wo der physische Segen des Landes Israel, der in der Fruchtbarmachung desselben durch lebendige Wasser besteht, wie Sach. 14, 8 geschildert wird, lehnt sich Ez. in seinen Ideen und Ausdrücken an den älteren Profeten an. Den einzelnen Zug dagegen Sach. 10, 5 vgl. mit Ez. 38, 15 wo die Jerusalem angreifenden Scharen als Reiter auf Rossen bezeichnet werden, darf man wohl schwerlich mit Stade für ein Zeichen schriftstellerischer Abhängigkeit zwischen den in Sach. 9 ff. vorliegenden Profetien und Ezechiel geltend machen; denn bei fast allen Profeten wird die Weltmacht mit Anlehnung an die thatsächlichen Verhältnisse, weil die Weltmächte, mit denen Israel in Berührung kam, Assyrer, Skyten und

Babylonier eine starke Reiterei besafsen, als Reiter auf Rossen geschildert. Aus den anderen angeführten Stellen geht aber mit Sicherheit hervor, dafs dem Ezechiel die in Sach. 9—14 enthaltenen Profetien schon schriftlich vorgelegen haben und, dafs er wie Jeremia, die sich auch sonst vielfach an ältere Profeten anlehnen, dieselben benutzt hat.

6) Zum Schlusse müssen wir noch das Verhältnis von Sach. 9 ff. zu dem zweiten Teile des Jesaia (40—66) betrachten, zwischen denen auch eine schriftstellerische Beziehung stattfindet. (Hengstenberg, Ewald, von Ortenberg, Stade.) Zunächst finden wir dieselbe in den Stellen Jes. 51, 13, wo Jahve mit demselben Ausdruck wie Sach. 12, 1 als der Schöpfer des Himmels und der Erde bezeichnet wird, und Jes. 40, 2, wo den Israeliten wie Sach. 9, 12 nach erduldetem Leiden ein doppeltes Mafs der Herrlichkeit verheifsen wird. Bei welchem Profeten in diesen Fällen die schriftstellerische Abhängigkeit zu suchen ist, kann nicht mit zwingenden Gründen erwiesen werden, auch wenn man nicht der Ansicht Dillmanns ist, der in Sach. 9, 12 eine spätere Überarbeitung annimmt. Deutlich zeigt aber, dafs der Verfasser von Jes. 40—66 jünger ist, die Stelle Jes. 66, 23 ff. vgl. mit Sach. 14, 16 ff. Beide Abschnitte behandeln nämlich denselben Gedanken, die Bekehrung der Heiden in der messianischen Zeit. In Sach. 14 wird eine Belagerung und Eroberung Jerusalems durch die Heiden, dann die durch eine Machtthat Jahves unter ihnen gewirkte Plage, das Vermodern bei lebendigem Leibe und die sich daran schliefsende Bekehrung des Restes derselben, der nun alljährlich zur Feier des Laubhüttenfestes nach Jerusalem hinaufzieht, geschildert. Der Verfasser von Jes. 40—66 will sein Werk auch in den erhebenden Gedanken der einstigen Bekehrung des Restes der Heiden ausklingen lassen und benutzt, wie vielfach sonst den Jesaia und andere älteren Profetien, hier die in Sach. 14 enthaltene Schilderung. So scheint der Zug Jes. 66, 24, dafs die Jerusalem belagernden Heiden mit Verwesung plötzlich betroffen werden, aus Sach. 14 entlehnt. Der Verfasser von Jes. 40—66 setzt nur für die belagernden Heiden (Sach. 14, 12) „die, welche gegen Jahve frevelten" ein, weil er keine Belagerung Jerusalems erzählt, und verkündet von ihnen „ihr Wurm soll nicht sterben und ihr Feuer nicht verlöschen". Ferner läfst die Stelle Jes. 66, 23

vgl. mit Sach. 14, 16 den Späteren erkennen. Der Verfasser von Jes. 40—66 steigert nämlich den Zug des messianischen Zukunftsbildes Sach. 14, 12, dafs die Heidenvölker alljährlich einmal zum Laubhüttenfeste kommen sollen, zu einer unvollziehbaren Vorstellung, dafs alles Fleisch jeden Monat, ja jeden Sabbat zur Anbetung Jahves nach Jerusalem heraufziehen wird. Auch noch andere Stellen, so z. B. Sach. 14, 14 vgl. mit Jes. 60, 6 werden von Hengstenberg und Stade für eine schriftstellerische Beziehung zwischen Jes. 40—66 und Sach. 12 ff. angeführt, wo uns eine solche mindestens zweifelhaft erscheint. Jedenfalls ist nach dem Vorigen klar, dafs Jes. 40—66 diese älteren Profetien gekannt und benutzt hat.

Als Resultat der Vergleichung von Sach. 9—14 mit den anderen Weissagungen ergiebt sich uns folgendes: Die in diesen Kapiteln enthaltenen Profetien sind jedenfalls später als die Bücher Joel, Amos, Hosea abgefafst, wogegen Jeremia, Ezechiel und der Verfasser von Jes. 40—66 diese älteren Profetien gekannt und benutzt haben. Als zeitliche Grenze für die Abfassung dieser Profetien ergiebt sich also der Zeitraum, der durch Hosea und Jeremia begrenzt ist.

III. Untersuchung über den Ursprung der in Sach. 9—14 enthaltenen Profetien.

A. Negativer Teil.

1) Widerlegung der Ansicht, dafs Sach. 9—14 von einem nachexilischen Verfasser stammt.

Wir scheiden hier streng die Gründe, welche die Verteidiger der Einheit des Sacharjabuches für die Verwandtschaft von Sach. 1—8 und Sach. 9—14 vorbringen von denen, welche sie für die Abfassung von Sach. 9—14 durch einen nachexilischen Verfasser geltend machen. Die letzteren, die bei weitem die wichtigeren sind, und welche aufser den Verteidigern der Einheit des Sacharjabuches auch Wellhausen, Geiger, Gramberg und besonders Stade, der Sach. 9—14 in die griechische Zeit setzt und dem Cornill beistimmt, teilen, sollen an zweiter Stelle behandelt werden.

a) Widerlegung der Ansicht, dafs Sach. 9—14 ein Werk des nachexilischen Sacharja ist. (Hengstenberg, Burger, De Wette, Keil, Köhler, Bredenkamp.)

1) Was zunächst die Stellung der Kapitel Sach. 9—14 betrifft, die Hengstenberg und Keil als Grund für die Abfassung durch den nachexilischen Sacharja anführt, so müfste man aus demselben Grunde — wie es auch thatsächlich geschehen ist — alle im Buche Jesaia enthaltenen Profetien für das Werk des Jesaia halten. Diese Ansicht wird jedoch mit Recht von allen neueren Forschern entschieden zurückgewiesen. Wie wir uns aber die Stellung von Sach. 9—14 im Zwölfprofetenbuch erklären können, werden wir am Schlusse, nachdem wir die Zeit des Ursprungs von Sach. 9—14 bestimmt haben, erörtern.

2) Als Grund für die Abfassung von Sach. 9—14 durch den nachexilischen Verfasser wird aufser dem eben angeführten ganz äufserlichen Grund die Schreibart dieser Kapitel und Sach. 1—8 angeführt. Dieselbe soll nach Hengstenberg, Köster, De Wette, Burger, Keil, eine gewisse Verwandtschaft zeigen. Hierfür wird eigentlich nur der Ausdruck מֵעֹבֵר וּמִשָּׁב beigebracht, der sich Sach. 7, 14 und 9, 8 findet. An der ersten Stelle bezieht sich der Ausdruck aber auf die erfolgte Verödung, während an der zweiten die Abwehr der zukünftigen verkündet wird. Ferner ist dieser Ausdruck ein auch sonst Ex. 32, 27, Ez. 35, 7 dem Hebräischen geläufiger. Auch die Ähnlichkeit von Sach. 9, 9 und 2, 14 wird für die Einheit des Verfassers angeführt: Sach. 9, 9: „Freue dich sehr (גִּילִי), Tochter Zion, juble (הָרִיעִי), Tochter Jerusalem, siehe dein König kommt zu dir etc." Sach. 2, 4: „Juble (רָנִּי) und freue dich (שִׂמְחִי), Tochter Zion, denn siehe ich komme zu dir". Die Berührung beider Stellen besteht lediglich in der Aufforderung zum Jubel und dem Ausdruck בַּת־צִיּוֹן, der sehr häufig Joel 2, 21, und 23; Jes. 12, 6 Zeph. 3, 14 etc. vorkommt; dies beweist daher nichts. Während dieses hauptsächlich im Ausdruck für die Einheit von Sach. 1—14 geltend gemacht wird, spricht vieles deutlich dagegen. Zunächst ist der ganze zweite Teil mit höherer Begeisterung geschrieben, ferner vermifst man hier (Sach. 9, 1; 12, 1) die ziemlich genauen Zeitangaben der Weissagungen, welche wir bei den nachexilischen Profeten Haggai und im ersten Teile des Sacharja 1, 1; 1, 7; 4, 1; 6, 9; 7, 1 finden. Die Formel וְהָיָה findet sich nur zweimal im ersten Teil 6, 15; 8, 13, im zweiten dagegen achtzehnmal, die Formel בַּיּוֹם הַהוּא im ersten Teile nur Sach. 2, 15; 3, 10; 6, 10, im

zweien Teile neunzehnmal. Im ersten Teile wiederum ist die Formel
כֹּה אָמַר יְהֹוָה sehr häufig (18 mal), die nur einmal 11, 4 im zweiten
Teil vorkommt, und die Formel הָיָה דְבַר יְהֹוָה (9 mal), die im
zweiten Teile sich überhaupt nicht findet. Ferner wird im ersten
Teile Jahve אֲדוֹן כָּל־הָאָרֶץ 4, 14; 6, 5 genannt, ein Ausdruck, den
wir im zweiten Teile vermissen. Von dem Anbeten Jahves durch
die Heiden werden in beiden Teilen verschiedene Ausdrücke gebraucht:

$$8, 21; 8, 22: \text{חַלּוֹת אֶת־פְּנֵי יְהֹוָה}$$
$$14, 16: 14, 17: \text{הִשְׁתַּחֲוֹת לְמֶלֶךְ יְהֹוָה}$$

Es ist nun aber absolut nicht einzusehen, warum Sacharja,
wenn von ihm auch Kapitel 9—14 stammt, bei der Abfassung
dieser Kapitel ihm so geläufige Ausdrücke gemieden und durch andere ersetzt haben sollte. Aus dieser Thatsache ergiebt sich, dafs
schon nach dem Stile Sach. 9—14 nicht von demselben Verfasser
wie Sach. 1—8 geschrieben sein kann.

3) Noch deutlicher erkennen wir, dafs Sach. 9—14 nicht
von dem nachexilischen Sacharja stammen kann, wenn wir den
Ideenkreis betrachten. Hier wird von den Verteidigern der Einheit
besonders die Vorstellung von den Engeln, die sich in beiden Teilen
(1, 11; 3, 1; 3, 5, 6; 1, 9; 2, 1; 3, 7; 6, 1 und 12, 8; 14, 5)
findet, geltend gemacht. Hier ist zunächst besonders auffällig die
Erwähnung des מַלְאַךְ יְהֹוָה 12, 8. von Ortenberg (S. 24) geht
hierüber zu leicht hinweg, indem er behauptet: „diese Vorstellung
ist bekanntlich in den Schriften aus der vor- und nachexilischen
Zeit eine ganz geläufige und darum für die Identität des Verfassers
nicht beweisend." Bei den Profeten der vorexilischen Zeit, auf die
es hier besonders ankommt, kommt er aber nicht vor; denn Jes. 37, 36
gehört nicht zu Jesaia. Betrachten wir aber Sach. 12, 8 genauer,
so ist es deutlich, dafs כְּמַלְאַךְ יְהֹוָה לִפְנֵיהֶם eine spätere in den
Text gedrungene Glosse ist, die ein Späterer, dem der Vergleich
des Hauses Davids mit Gott anstöfsig erschien, einsetzte. Vergleichen
wir die andere Erwähnung der Engel im zweiten Teile 14, 5 mit
der Vorstellung von den Engeln im ersten Teile (1, 9 ff.; 2, 1;
3, 7; 6, 1), so zeigt sich hier ein bedeutender Unterschied. Im
ersten Teile sind die Engel selbst vorzugsweise überall thätige Gott
und Menschen vermittelnde überirdische Wesen (von Ortenberg S. 37),

im zweiten die in einer untergeordneter Weise die allein waltende Gottheit bei der Theophanie umgeben. — Betrachten wir nun die messianische Erwartung, die uns in beiden Teilen begegnet, so läfst sich hier auch mit Sicherheit ein Schlufs gegen die Einheit des Verfassers ziehen. Im ersten Teile kommt der Messias ein Reich zu gründen (4, 10), den Tempel zu bauen (6, 12). Sein Name ist צמח (3, 8 und 6, 12), Sacharja erhofft auch ein Ende aller Drangsal nach den 70 Jahren des Exils und, dafs das Volk durch Jahves Güte sich wieder mehren und die Stadt bevölkern werde (1, 12 und 13; 8, 3ff.). Der zweite Teil kennt zwar auch einen messianischen König, der ein Reich des Friedens gründet (9, 9). Es wird aber ausdrücklich (13, 9 und 14, 2) ein Strafgericht verkündet, wodurch das Bundesvolk geläutert werden soll und woraus nur ein kleinerer Teil als wahres Jahvevolk übrig bleiben soll.

Als Sünden des Volkes werden im ersten Teile Diebstahl, falscher Schwur (5, 3) und Feindschaft unter einander (8, 17), im zweiten das Befragen der Theraphim (10, 2) und das falsche Profetentum (13, 2ff.) bekämpft. Die politischen Verhältnisse sind endlich auch in beiden Teilen durchaus verschieden. Im zweiten Teil besteht noch das getrennte Reich (9, 10; 8, 13; 11, 14), im ersten ist nur von Jerusalem und den Städten Judas (1, 12; 8, 15) die Rede, denn die beiden Erwähnungen Israels im ersten Teil (2, 2 und 8, 13) beziehen sich auf das zur Zeit des Sacharja schon zerstörte Nordreich. Im ersten Teile werden ferner die Häupter des Volkes verherrlicht und ermutigt (3, 1 ff. 4, 6 ff.), während im zweiten die Verwerflichkeit und Vernichtung der Volkshirten (10, 2; 11, 4 ff.) verkündigt wird. Als äufsere Feinde nennt der zweite Teil Damaskus, Philistäa, Tyrus (9, 1 ff.), Javan (9, 13), Assyrien und Ägypten (10, 10). Der erste Teil dagegen bezeichnet Babel als das Land, das Jahve heimsuchen wird (2, 11 und 13).

So zeigt sich also im Ausdruck wie im Ideenkreise eine Verschiedenheit zwischen dem ersten Teile Sach. 1—8 und dem zweiten Sach. 9—14, der die Abfassung beider Teile durch den nachexilischen Sacharja unmöglich erscheinen läfst.

b) Wir schreiten nun zur Untersuchung der Ansicht, die Sach. 9—14 von einem anderen nachexilischen Verfasser herleitet. Da die Verschiedenheit der Sprache und Anschauungen des ersten und zweiten Teiles des Sacharjabuches sehr auffällig war, so wurde der letztere Teil zwar dem nachexilischen Sacharja abgesprochen, aber einem andern ebenfalls nachexilischen Verfasser von Vatke, Gramberg, Geiger, Wellhausen, Stade und Cornill zugewiesen. Wir wollen nun diese Gründe, die von diesen Forschern sowie von den Verteidigern der Einheit des Sacharjabuches für den nachexilischen Ursprung von Sach. 9—14 vorgebracht sind, einer Untersuchung unterziehen.

1) Im Ausdrucke werden als nachexilische Worte בָּחַל 11, 8 und זָיוּחַ 9, 15 angeführt. (De Wette, Burger.) Da aber בָּחַל im Q. nur an dieser Stelle und זָיוּחַ, ein ebenfalls sehr seltenes Wort, im alten Testament nur noch Ps. 144, 12 vorkommt, so beweist dies für einen nachexilischen Verfasser nichts. Auch dafs die harten Konstruktionen (De Wette) עֵין אָדָם 9, 1 und אֲסִירֵי הַתִּקְוָה 9, 12 eher für einen nachexilischen Verfasser sprechen sollen, ist eine unbewiesene Annahme. Endlich behauptet Stade, dafs die Wendung יַעַר הַבָּצִיר, wo das Fehlen des Artikels vor יַעַר auffällig ist, (11, 2 Kethibh), der Abfassung in nachexilischer Zeit günstig sei. Nach Gesenius „Hebräische Grammatik" [24] § 111, 2a ist aber, wenn das Adjektivum eigentliches Partizipium ist, die Weglassung des Artikels beim Substantiv sogar gewöhnlich. Was endlich die Gründe für eine nachexilische Abfassung von Sach. 9—14 betrifft, die aus der Scriptio plena von דָּוִיד für דָּוִד aus der Schreibung von רָאמָה für רָמָה (14, 10) von צָבָה für צָבָא (9, 8) hergenommen sind, so erledigen sie sich durch die neuen Forschungen über die Entstehung der Vokalschrift vgl. Stade „Hebräische Grammatik" S. 39 ff.

2) Von den Anschauungen, die für einen nachexilischen Verfasser sprechen sollen, wird aufgeführt:

a) Die ausgebildete Messiasidee (Stähelin, Hävernick, Keil), die sich in der Stelle 9, 9—11 ausgesprochen findet. Diese Idee ist aber in dieser Form gerade ein Zeugnis gegen den nachexilischen Ursprung von Sach. 9 – 14; denn nirgends finden wir eine ähnlichere Anschauung wie die hier ausgesprochene als bei Jes. 9, 5 ff. und 11, 1 ff. und Mich. 5, 1 ff. und 2, 13. Stade nimmt daher an, da er ausdrücklich zugiebt S. 64: „die Idee des König Messias beginnt eben bei Ezechiel zu verbleichen", dafs der Verfasser von Sach. 9—14, der sich auch sonst sehr unselbständig zeige und in den Erinnerungen an die alten Profeten lebe, diese Messiasvorstellung aus den älteren

Profetenbüchern des Jesaia und Micha entlehnt habe. Er stimmt in diesem Punkte De Wette bei, der hier auch eine unbesehene Herübernahme einer Idee aus vorexilischer Zeit findet, die aus profetischem Schematismus zu erklären sei. Nun finden wir aber in den uns erhaltenen Profetenbüchern, dafs die späteren Profeten vielfach weniger original sind und sich an ältere anlehnen, dafs sie aber die Gedanken nach den Verhältnissen ihrer Zeit in eine andere Form kleiden. Als daher mit dem Exile die Königsherrschaft aufhörte, änderte sich auch die Messiasvorstellung. Nach Ezechiel finden wir nicht mehr den Messias als König aus dem Hause Davids geschildert, erst bei dem nachexilischen Sacharja tritt er uns wieder als solcher entgegen. Hier wird aber Sacharja beauftragt dem Hohenpriester Kronen aufzusetzen als Hinweis auf den Messias; die innigste Eintracht zwischen beiden Ämtern, dem Königs- und Priesteramt, soll angedeutet werden, ein Gedanke, der bei den vorexilischen Profeten, wo das Priesteramt dem Königamte nie in dieser Weise gleich gestellt wurde, sich nicht findet. Die in Sach. 9, 9ff. enthaltene Messiasvorstellung pafst also nur in die vorexilische Zeit und erklärt sich bei Annahme einer nachexilischen nicht.

b) Die Vorstellung vom Reiche Gottes und der Bekehrung der Heiden wird ferner als Kennzeichen eines nachexilischen Verfassers angeführt (Stade S. 168): „dafs Gott allein Herrscher seines Volkes ist, ist der Grundgedanke des nachexilischen Judentums, der die religiöse und staatliche Entwicklung beeinflufst." Dieser Gedanke ist aber von den ältesten Zeiten an ein Grundgedanke der mosaischen Religion gewesen. Auch zur Zeit der Königsherrschaft ist die Idee der Theokratie von den Profeten und theokratischen Königen, die die Gesalbten Jahves waren, festgehalten worden. Stade findet nun in Sach. 14, 9: „Jahve soll König werden über die ganze Erde, jenes Tages soll er einer sein und sein Name einer", eine Vorstellung, die das Vorhandensein einer Theokratie in nachexilischer Form zur Voraussetzung hat. Er sieht in diesen Worten eine Polemik gegen die Anschauung der griechischen Zeit, wonach die verschiedenen Heidengötter alle das eine Göttliche, welches die verschiedenen Nationen nur unter verschiedenem Namen anrufen, vorstellend gedacht würden. Zunächst darf aber die Behauptung Stades über die Auffassung der Gottheit in der griechischen Zeit, die er in Mal. 1, 11 findet, nicht unbeanstandet hingenommen werden. Bei Maleachi weist Jahve die verächtlichen Opfer des Volkes Israel zurück; zur Beschämung Israels und seiner Prieser, die den Namen ihres Gottes verachtet haben, verkündet der Profet 1, 11: „denn von Aufgang der Sonne bis zum Niedergang soll mein Name herrlich werden unter den Heiden, und an allen Orten soll meinem Namen geräuchert und reines Speisopfer gebracht werden; denn mein Name soll herrlich werden unter den Heiden, spricht der Herr Zebaoth." Diese Worte sind nach unserer Meinung als eine Drohung an Israel gerichtet, sie sagen aber nichts davon aus, dafs die den Göttern dargebrachten Opfer als Jahve dargebracht in griechischer Zeit angesehen würden. Der Gedanke, der Sach. 14, 9 ausgesprochen ist, ist nun keineswegs als eine Polemik gegen Mal. 1, 11 aufzufassen. Beiden Stellen liegt dieselbe Idee zu Grunde: Sach. 14, 9 drückt sie in der Form aus, dafs Jahve von allen Völkern als der eine grofse König empfunden und verehrt werden soll. Er nähert sich besonders dem in Jes. 2, 2 ff. Mich. 4, 2 ff. Verkündeten, dafs in der messianischen Zeit alle Völker nach Jerusalem hinaufziehen, um Jahve anzurufen und nach seiner Lehre zu handeln; Mal. 1, 11 ist die Idee der Herrschaft Jahves ganz nach den Anschauungen seiner Zeit, die auf den Kultus grofsen Wert legte, als eine Verehrung Jahves an allen Orten durch reine Speisopfer ausgedrückt.

Auch der Gedanke einer Bekehrung der Heiden (Sach. 14) hat, wie Stade meint, seine besten Parallen in den Psalmen (86, 9; 87). Bei den vorexilischen Profeten Jes. 2, 2 ff.; Jes. 19, 25 ff. und Mich. 4, 2 ff. finden wir jedoch zuerst eine Teilnahme der Heiden an dem Idealreich der Zukunft, dem messianischen Reiche, ausgesprochen. Der Gedanke begegnet uns weiter bei Jeremia (12, 15—17; 16, 19—21), wo eine Bekehrung der Heiden in Aussicht genommen wird. Ezechiel hat aber diesen Gedanken schon nicht mehr, er erwartet nur eine Wiederherstellung Israels, nachdem an den Heidenvölkern Rache genommen ist. Noch einmal Jes. 40—66 wird von einer Anbetung Jahves durch alle Heiden (60, 4; 66, 10) gesprochen. Von den nun zeitlich folgenden Profeten, von dem am Ende des Exils lebenden Verfasser von Jes. 24—27, den nachexilischen Profeten Haggai (2, 21) und Sacharja (2, 18—21) und endlich Daniel wird den Heidenvölkern nur ein furchtbares Gericht gedroht.

Das spätere Judentum ging sogar soweit in der Ablehnung des Gedankens einer Teilnahme der Heiden am messianischen Reiche, dafs es Stellen wie Jes. 2, 2 ff. und Mich. 4, 2 ff. von der Sammlung der in der Diaspora lebenden Juden verstand. Mithin sprechen die in Sach. 14 niedergelegten Anschauungen nicht für einen nachexilischen Verfasser, sondern erklären sich naturgemäfser bei der Annahme, dafs diese Profetie aus vorexilischer Zeit stammt.

3) Die historische Situation in Sach. 9—14 soll für einen nachexilischen Verfasser sprechen.

a) als Gründe aus der innerjüdischen Geschichte werden angeführt:

α) die Ansichten über das Haus Davids und das Haus Levis, die Sach. 12, 13 nebeneinander gestellt werden, wie es in der vorexilischen Zeit unerhört gewesen wäre. (Stade.) Diese Stelle aber, wo, um die Allgemeinheit der Trauer über den ermordeten Profeten auszudrücken, das Haus Davids und Levis nebeneinander genannt werden, beweist absolut keine Gleichstellung oder gar höhere Stellung des Hohenpriesters als des aus dem Davidischen Hause stammenden Statthalters, wie es in nachexilischer Zeit der Fall war. Das Davidhaus, womit nur das Königshaus gemeint sein kann, wird hier zuerst genannt und ist damit sein Vorrang auch an dieser Stelle deutlich bezeichnet. Die Erwähnung des Hauses Levis erklärt sich aber daraus, dafs der Profet die Allgemeinheit der Trauer, an der das Königshaus sowohl wie die Priesterschaft teilnehmen soll, schildern will. Bei der Annahme einer Gleichstellung des Levi- und Davidhauses läfst sich gar nicht erklären, dafs an anderen Stellen Sach. 12, 7; 8; 10; 13, 1 nur das Davidhaus genannt und immer der Bürgerschaft Jerusalems gegenübergestellt wird, während das Levihaus, das damals im Hohenpriesteramte die höchste Gewalt innegehabt haben soll, nur einmal 12, 13 neben dem Davidhause erwähnt wird. Dies ist nur zu verstehen, wenn unter dem Davidhause das Königshaus verstanden wird. Es ist aber noch von grofser Wichtigkeit, dafs die Zusammenstellung des Königshauses und der Priesterschaft (Sach. 12, 13) und des Königshauses und der Bewohner Jerusalems (Sach. 12, 7; 12, 10; 13, 1), um das Volk in seiner Gesammtheit zu bezeichnen, sich besonders häufig bei Jer. 1, 18; 2, 26; 13, 13; 34, 19 findet. Die Annahme also, dafs der Verfasser von Sach. 12 ff. ein Zeitgenosse des Jeremia ist, die wir unten begründen werden, findet hierin eine Stütze. Dieser Grund Stades aus der innerjüdischen Geschichte für eine nachexilische Abfassung ist mithin hinfällig. Die Stelle Sach. 12, 13 erklärt sich vielmehr am besten, wenn sie von einem Zeitgenossen Jeremias stammt.

β) Ferner macht Stade die zeitgenössische Wertschätzung Jerusalems in Sach. 12—14 für einen nachexilischen Verfasser geltend. Er behauptet, dafs Jerusalem erst in nachexilischer Zeit zu hoher Bedeutung für den Kultus gekommen sei und beweist dieses aus dem Psalter, den er für „ein Erzeugnis des nachexilischen Judentums" hält. Da wir dieser Annahme nicht beistimmen können, so ist die daraus gezogene Folgerung auch für uns nicht mafsgebend. Es läfst sich aber aus Micha (1, 9), wo Jerusalem „das Thor meines Volkes" heifst, und aus Jesaia (30, 29), wo Jerusalem als der kultische Mittelpunkt für die Feier der Feste erscheint, schliefsen, dafs Jerusalem sich schon in vorexilischer Zeit weit über die Städte des Landes erhob und den Mittelpunkt des Kultus bildete. Besonders auch durch die Reformation des Königs Josia, wo alle Opferstätten aufserhalb Jerusalems abgethan wurden, stieg das Ansehen der heiligen Stadt so sehr, dafs Jeremia (19, 15) die Städte des Reiches Juda „ihre Städte", d. h. Jerusalems, nennt. Da nun Sach. 12—14 nach unserer Ansicht, die wir später begründen werden, vor dem Exil, aber nach dem Könige Josia abgefafst ist, so erklärt sich die hohe Schätzung Jerusalems in Sach. 12—14 sehr gut und bildet keinen Grund zur Annahme einer nachexilischen Abfassung dieses Stückes.

γ) Die Nichterwähnung eines Königs führt Hengstenberg als Grund für die nachexilische Abfassung von Sach. 9—14 an. Nun heifst es aber Sach. 11, 6: „Siehe, ich will übergeben jeden in die Hand seines Königs." Ferner wird 12, 7, 8, 10, 12 und 13, 1 das Davidhaus erwähnt, worunter, wie wir oben gesehen haben, nur das Königshaus verstanden werden kann. Dieses ist also ein deutlicher Hinweis auf die vorexilische Zeit als Abfassungszeit der Profetie.

δ) Ferner findet Köster einen Grund gegen die vorexilische Abfassung in der Erwähnung des Exils Sach. 10, 6 ff. Er erklärt die Stelle folgendermafsen: Intelligit auctor totalem Iudaeorum relectionem iam sperari non posse; itaque nuntiat exules, postquam in terris exteris cum liberis suis felices vixerint, versus finem vitae redituros ut in terra sancta condantur. Hoc stante regno Iudaico nemo facile propheta dixisset. At Hierosolymis eversis Iudaei ita ubique gentium dispersi erant, ut spe modestiori sese continere deberent. Diese Stelle kann aber nur von einer Befreiung Ephraims durch Juda verstanden werden, wie sie auch Stade auffafst. Nur behauptet er, dafs hier die Befreiung Ephraims durch Juda, das wieder im Lande sitzt, verheifsen werde. Da aber mit keinem Worte der Wegführung und Zurückführung Judas gedacht wird, so ist notwendig daraus zu folgern, dafs Juda nicht wieder, sondern noch im Lande sitzt. Hierdurch wird wiederum die vorexilische Abfassung von Sach. 9—14 bestätigt.

b) Als Grund für die nachexilische Abfassung von Sach. 9—14 wird die in diesen Profetien enthaltene Beziehung auf die weltgeschichtliche Lage angeführt:

α) Die Erwähnung der griechischen Weltmonarchie Sach. 9, 13. Stade sagt: „Die Überwindung der Griechensöhne durch die Zionskinder vor Eintritt des messianischen Reiches ist entscheidend für die nachexilische Abfassung von Sach. 9 ff." Dafs hier aber unter יון die griechische Weltmacht zu verstehen ist, finden wir nirgends angedeutet, wogegen die hier in Aussicht genommene Thatsache, die Befreiung der jüdischen Gefangenen aus den Händen der Griechen, auch von dem älteren Profeten Joel (4, 6) erhofft wird. Dieser Profet berichtet uns, dafs die Phönizier jüdische Gefangene nach Griechenland verkauft hätten. Ebenso ist die Nachricht des Amos (1, 9), dafs die phönizischen Städte, besonders Tyrus, sich durch Handel mit jüdischen Sklaven bis nach Edom hin bereichert hätten, auch hierher zu ziehen, da die Annahme nicht ausgeschlossen ist, dafs von Tyrus aus auch nach Griechenland jüdische Gefangene verkauft wurden. Auffällig in unserer Stelle Sach. 9, 13 bleibt nur die Art, wie der Profet sich die Befreiung vor sich gehen denkt. Jahve soll die Gefangenen durch die Waffen Gesammt-Israels im Kampfe mit den Griechensöhnen befreien. Da uns im achten Jahrhundert sonst von keinem Zusammenstofs der Griechen mit Juda oder Israel berichtet wird, so erscheint ein in Aussicht genommener Kampf Israels mit den Griechensöhnen nicht verständlich. Hier können wir nun eine Stelle aus den Bileamsprüchen, die sicher in eine sehr frühe Zeit vor das Exil gehören, heranziehen. Num. 24, 24 heifst es: „Und Schiffe von Seiten der Chittäer werden demütigen Assur und Eber und auch er (scl. die Chittäer) wird nur bestehen, bis ein Vernichter kommt." In diesem Spruche wird auch ein Zusammenstofs der Chittäer, worunter wohl die Bewohner der Inseln und Küsten Griechenlands zu verstehen sind, mit Assur und den Hebräern in Aussicht genommen. Mithin steht die Stelle Sach. 9, 13, wenn sie auch vorexilisch ist, nicht vereinzelt da, wenn wir auch nicht näher über die historischen Verhältnisse, die die Erwartung des Profeten veranlafst haben, informiert sind.

β) Die Erwähnung von Assyrien und Ägypten (Sach. 10, 10) soll auch einer Annahme der Abfassung von Sach. 9 ff. durch einen nachexilischen Verfasser nicht entgegenstehen. (Hengstenberg, Keil, Stade.) Die Hengstenberg-Keilsche Auffassung, wonach Assur und Ägypten hier als Typen der Weltmacht genannt sind, läfst sich aber nicht aufrecht erhalten, da dann irgendwie angedeutet werden müfste, dafs diese beiden Namen nur typisch gebraucht sind. Stade dagegen hält an unserer Stelle Assur für eine Bezeichnung des Seleucidischen, Ägypten für eine Bezeichnung des Ptolemäischen Diadochenreiches. Seine Annahme, dafs Assur das syrische Reich bezeichne, stützt er folgendermafsen: „Wie auf Babylonien als Erbe der Macht der Name Assurs übertragen wurde, so wurde auch auf die Könige von Persien der Name „König von Babel" übertragen und schliefslich auf das Seleucidische Weltreich der Name „Assur". Dieser Beweisführung, die er aus der Überschrift der LXX zu Ps. 80, 1 und Ps. 76, 1, wo mit Assyrien das syrische Reich gemeint sein soll, belegt, wird man jedoch, da אשור sonst nie im alten Testament, auch nicht Jes. 27, 12 und 13 und Ps. 83, 8 (nach Stade) Syrien bezeichnet, schwerlich zustimmen können. Es verweist uns daher die Erwähnung Assyriens und Ägyptens in eine Zeit, wo diese beiden Mächte noch in Blüte standen, was nur in vorexilischer Zeit der Fall war.

γ) Die in Sach. 9, 1 ff. enthaltenen geschichtlichen Andeutungen werden auch aus nachexilischer Zeit erklärt. (Köster, Hengstenberg, Stähelin, De Wette, Keil, Stade.) Stade erklärt 9, 1 ff. als Weissagung der Kriegszüge des Seleucus 301 gegen Ptolemäus oder des Zuges des Antiochus gegen Damascus. Bei den geringen und unzuverlässigen Nachrichten, die wir über jene Zeit besitzen, kann diese Hypothese weder gestützt noch widerlegt werden. — Hengstenberg und Bredenkamp sehen in Sach. 9, 1 ff. die Schilderung zukünftiger Ereignisse der makedonisch-syrischen Periode. Diese Ansicht kann jedoch nur festgehalten werden, wenn man annimmt, wie es auch die Meinung dieser Gelehrten ist, dafs die Profeten die Gabe und Aufgabe gehabt hätten, Ereignisse, welche vielleicht erst nach Jahrhunderten eintrafen, vorauszusagen, was jedoch nach unserer Meinung die Profeten zu Manten und Wahrsagern herabsetzen würde. Köster fafst die Schilderung Sach. 9, 1 ff. als poetische Nachahmung auf. Eine solche poetische Nachahmung hätte nach unserer Meinung keinen Wert für seine Zeitgenossen gehabt und würde bei einer derartigen Voraussetzung des Verfasser von Sach. 9 ff. seinen profetischen Beruf vollkommen verkannt haben und des Namens eines Profeten unwürdig sein. De Wette endlich ist der Meinung, dafs unter diesen Völkern die persische Weltmacht zu verstehen sei. Dies widerlegt sich aber dadurch, dafs derselbe Verfasser im ersten Teile (1, 1; 1, 7; 7, 1) den König Darius namentlich nennen würde, während er im zweiten Teile Kap. 9 ff. diesen Namen sorgfältig vermeiden würde. — Die Syrien, Phönizien und Philistäa bedrohenden Weissagungen Sach. 9, 1 ff. lassen sich aber nur aus der vorexilischen Zeit erklären, wo diese Reiche noch unabhängig waren, was in nachexilischer Zeit, nachdem sie zuerst durch die Assyrer unterworfen waren, nie mehr der Fall war. Namentlich ist auch bei den geschichtlichen Andeutungen in Sach. 9, 1 ff. die Erwähnung des Landes „Hadrach" zu berücksichtigen. Stade ignoriert dieselbe vollständig. Da nun aber Schrader „Keilinschriften und das alte Testament" חדרך auf assyrischen Inschriften aus der Zeit um 750 a. Ch. als in der Nähe von Damaskus liegende Landschaft nachgewiesen hat, wir aber in nachexilischer Zeit von einem Lande „Hadrach" nichts mehr hören, so macht die Erwähnung dieses Landes die Abfassung von Sach. 9 ff. in vorexilischer Zeit, näher in der assyrischen Periode sehr wahrscheinlich.

2) Widerlegung der Ansicht, dafs Sach. 9—14 von einem Verfasser stammt. Gegen die Einheit haben sich Bertholdt, Knobel, Maurer, Ewald, Bleek, von Ortenberg, für dieselbe Hengstenberg, Burger, Pressel, Stade, Cornill erklärt. Stade bemerkt jedoch, „dafs

Sach. 9—14 von einem Verfasser stammen müsse, läfst sich selbstverständlich nicht erweisen". (S. 307.)

a) Der Beweis für die Einheit der Kapitel 9—14 stützt sich zunächst auf die unleugbare Ähnlichkeit der Überschrift 9, 1 und 12, 1 und des Stiles in Sach. 9—11 und Sach. 13, 7—9. Betreffs der Überschriften werden wir am Schlusse der Abhandlung näher handeln, die Ähnlichkeit von Sach. 9—11 und 13, 7—9 erklärt sich aber daraus, dafs, wie wir oben gesehen haben, 13, 7—9 ein Stück der Profetie 9—11 ist, das aus uns nicht bekannten Gründen an diese Stelle gekommen ist. (Ewald, von Ortenberg, Stade, Dillmann.)

Im Ausdrucke werden für die Einheit von Sach. 9—14 die sonst nicht häufigen Ausdrücke אֶלֶף (12, 5 und 6 und 9, 7) גּוֹי (12, 8 und 9, 15) geltend gemacht. Aus dem Gebrauche zweier ähnlichen Ausdrücke, wobei übrigens גּוֹי einmal mit עַל (9, 15) und einmal mit בְּעַד (12, 8) konstruiert ist, kann aber bei den sonstigen sprachlichen Verschiedenheiten der beiden Stücke, die auch Cornill, „Einleitung ins alte Testament" S. 199 vollkommen zugiebt, nur aus dem verschiedenen Inhalte erklärt, nicht auf die Abfassung durch denselben Verfasser geschlossen werden. אֶלֶף soll übrigens in beiden Stellen in einer sonst nicht vorkommenden Bedeutung „Stammeshaupt bei den Juden" gebraucht sein, und von Ortenberg punktiert deswegen 9, 1 für אֶלֶף das Wort אַלֻּף. Diese Punktation scheint uns aber unnötig, da sich אֶלֶף auch Jer. 13, 21 ebenfalls in obigen Sinne. Der Stil ist aber in beiden Stücken (9—11; 13, 7—9 und 12—14) durchaus verschieden. Im ersten Stück ist die Darstellung ungleich poetischer und ursprünglicher, während sie im zweiten Stücke vielfach dunkler ist und sich mehr an ältere Profeten anlehnt. Im einzelnen sind folgende Abweichungen im Sprachgebrauch zu bemerken: der Verfasser von Kap. 12—14 nennt das Königshaus immer בֵּית דָּוִיד (Sach. 12, 7, 8, 10, 12; 13, 1), ein Ausdruck, der sich beim Verfasser des ersten Stücks nicht findet. Dem Verfasser vom Kap. 9—11 hingegen ist der Name צִיּוֹן als Bezeichnung Jerusalems (9, 9 und 9, 13) eigentümlich, der im zweiten Stücke fehlt. Charakteristisch für den Stil des Verfassers des zweiten Stücks ist auch der häufige Gebrauch von formelhaften Wendungen וְהָיָה 12, 3, 8, 9; 13, 2, 3, 4; 14, 6, 7—8, 9, 13, 16,

17, 20, 21 und בַּיּוֹם הַהוּא 12, 3, 4, 6, 8, 9, 11; 13, 1, 2. 4; 14, 8, 9, 14, 20. 21, während in der ersten Profetie beide Formeln nur einmal 13, 8 und 9, 16 vorkommen.

c) Aus dem Ideenkreise werden die Erwähnung der Theraphim und Wahrsager (10, 2 und 13, 2) und die Schilderung der Feinde als Reiter auf Rossen (10, 5 und 12, 4) als für die Einheit von Sach. 9—14 sprechend angeführt. Allerdings bekämpfen beide Profeten Götzendienst und Wahrsagerei, es ist aber dies sämtlichen vorexilischen Profeten gemeinsam, da erst nach dem Exil diese Mifsbräuche verschwunden waren. Ebenso verhält es sich mit der Schilderung der Feinde als „Reiter auf Rossen". Weil die Assyrer, Skyten und Babylonier, die Hauptfeinde Israels vor dem Exile, Reitervölker waren oder doch mindestens eine starke Reiterei besafsen, so wurden die Feinde von allen vorexilischen Profeten und auch exilischen als „Reiter auf Rossen" geschildert. Neben diesen gemeinsamen Berührungen von Sach. 9—11; 13, 7—9 und Sach. 12—14, die keinen Grund für die Einheit dieser Profetien bilden können, finden sich aber in beiden Teilen vielfach andere Ideen, die auf verschiedene Verfasser schliefsen lassen. Besonders ist die messianische Vorstellung eine andere in beiden Stücken. Der erste Profet erwartet einen individuellen Messias, einen König, der den Völkern den Frieden bringt. Sach. 9, 9 ff. Die Zerstreuten Israels sollen in der messianischen Zeit aus den Ländern ihrer Verbannung zurückkehren. Sach. 10, 10 ff. Zwei Drittteile des Volkes sollen ausgerottet werden, der Rest aber soll, nochmals geläutert, das heilige Volk Jahves in der messianischen Zeit bilden. Sach. 13, 7—9. — Ganz anders sind die messianischen Aussichten im zweiten Teile. Hier ist es Jahve selbst, dessen Ankunft in der messianischen Zeit erwartet wird. Gericht bringt er den Heidenvölkern, seinem Volke aber Rettung und Heil. Dann aber werden sich auch die übriggebliebenen Heiden zu Jahve, der zum König über die ganze Erde wird, bekehren und jährlich nach Jerusalem hinaufziehen, um das Laubhüttenfest zu feiern. Eine solche Verschiedenheit der messianischen Vorstellungen in beiden Stücken macht die Annahme der Abfassung durch einen Verfasser unmöglich.

d) Auch die geschichtliche Situation, soweit wir dieselbe erkennen können, ist in beiden Teilen eine durchaus verschiedene.

Der erste Verfasser nennt Israel und Juda nebeneinander (9, 13; 10, 6; 11, 14), er setzt somit deutlich den Bestand beider Reiche voraus. Der zweite Verfasser erwähnt nur Juda und Jerusalem, der Name Israel, Ephraim oder Joseph findet sich bei ihm nicht ein einziges Mal; denn mit der Überschrift 12, 1 verhält es sich anders, wie die folgende Untersuchung ergeben wird. Auch was die äufsere politische Lage betrifft, so ist sie in beiden Stücken eine andere. Im ersten Teile wird das Verderben den Reichen Syrien, Phönizien und Philistäa gedroht, es wird erwähnt, dafs sich Juden in griechischer Gefangenschaft befinden, als die machthabenden Nationen erscheinen Assur und Ägypten. Im zweiten Teile werden uns als Juda feindliche Mächte „die Völker von ringsumher", genannt, von auswärtigen Mächten wird nur Ägyptens namentlich Erwähnung gethan.

Als Resultat unserer Untersuchung ergiebt sich nun folgendes: Sach. 9—14 stammt von zwei Verfassern. Nach den geschichtlichen Andeutungen mufs das erste Stück (Sach. 9—11; 13, 7—9) noch bei Bestand beider Reiche, also vor der Zerstörung Samarias, das zweite Stück (Sach. 12—14) vor dem Exil, aber nach dem Tode Josias, auf dessen Tod, wie wir oben gesehen haben, die Klage zu Haddadramman im Thale Megiddo zu beziehen ist, abgefafst sein.

B. Positiver Teil.

Versuch, die Abfassungszeit der in Sach. 9—14 vorliegenden Profetien genauer zu bestimmen.

Wir fassen zunächst das Resultat unserer Untersuchung kurz zusammen. Aus der Vergleichung von Sach. 9—14 mit den anderen Profetenschriften hatte sich uns ergeben, dafs diese Kapitel aus der Zeit nach Hosea, aber vor Jeremia stammen müssen. Den vorexilischen Ursprung haben wir dann bei dem Versuch der Widerlegung der Gründe, die für eine nachexilische Abfassung von Sach. 9—14 vorgebracht sind, bestätigt gefunden. Zuletzt haben wir gesehen, dafs diese Kapitel nicht das Werk eines Verfassers sein können, sondern sich in zwei Stücke, Sach. 9—11; 13, 7—9 und Sach. 12—14, zerlegen lassen. Das erste Stück mufs vor der Eroberung Samarias, das zweite vor dem Exil, aber nach dem Tode Josias abgefafst sein. Wir wollen nun versuchen, eine genauere chronologische Bestimmung beider Stücke zu geben.

In betreff der Chronologie legen wir die aus den assyrischen Inschriften feststehenden Zahlen, die bis aufs Kleinste durch die Ansätze des Ptolemäus bestätigt werden, zu Grunde. Diesen Zahlen kommt, wie jetzt ziemlich allgemein angenommen wird, eine grofse Glaubwürdigkeit zu und müssen die vielfach falschen Ansetzungen der Königsbücher hiernach kontrolliert werden. Die hier in betracht kommenden Zahlen sind folgende.

785—50. Jerobeam II. von Israel.
749/48. Zacharja (6 Monate) von Israel.
Sallum (1 Monat) von Israel.
748—38. (Wellhausen 744—35) Menahem von Israel.
738. Tribut Rezins von Damaskus und Menahems von Israel an Tiglat-Pileser.
737—36. Pekajah von Israel. ⎱ (Wellhausen 735—31.)
735—31. Pekah von Israel. ⎰ Pekah (identisch mit Pekajah).
734—32. Feldzug des Tiglat-Pilesers nach Syrien und Palästina.
734. Rezin geschlagen verschanzt sich in Damaskus.
733/32. Verwüstung Israels, Entvölkerung des Ostjordanlandes, Besiegung Channo von Gaza.
732. Einnahme von Damaskus, Huldigung und Tribut des Ahas von Juda.
722. Eroberung Samarias durch Sargon.

Betreffs der Zahlen zur näheren Bestimmung der Abfassungszeit von Sach. 12—14 sind wir auf andere Quellen als die assyrischen Urkunden angewiesen, da uns die Keilinschriften seit dem zweiten Regierungsjahr des Assurbanipal 666 im Stiche lassen und die babylonischen Inschriften nur wenig historische Nachrichten enthalten. Die Jahre der Ereignisse dieser Periode, die nach den babylonischen Inschriften, dem ptolemäischen Kanon und den sehr zweifelhaften Ansetzungen des Eusebius und Hieronymus berechnet sind, stehen vielfach nicht sicher fest[1]).

---

[1]) Für die Chronologie ist besonders Hommel „Babyl. assyr. u. israel. Geschichte" und Delitzsch „Sanherib" RE² zu vergleichen.

609. Tod des Königs Josia von Juda in der Schlacht bei
Megiddo gegen Necho von Ägypten.
608. Joahas von Necho entthront und als Gefangener nach
Ägypten geführt.
608—598. Jojakim, König von Juda, von Necho eingesetzt.
608 (607? oder 606). Zerstörung Ninives durch Nebukadnezar
von Babylon (Berossus) und durch Kyaxares von Medien (Euseb.).
605. Juda nach der Schlacht bei Karchemisch den Babyloniern
untertban.
598/97. Jochachin nach der ersten Eroberung Jerusalems von
Nebukadnezar weggeführt.
597—86. Zedekia, König von Juda.
587/86. Zweite Eroberung Jerusalems durch Nebukadnezar,
Juda nach Babel weggeführt.

1) Chronologische Bestimmung von Kapitel 9—11;
13, 7—9.

In dieser Profetie finden sich viele Beziehungen auf die historische Situation der Zeit, so dafs wir die Abfassung dieses Stückes mit grofser Wahrscheinlichkeit und ziemlicher Genauigkeit bestimmen können.

Der Sturm, welcher über die Reiche in Syrien Hadrach, Damaskus und Hamath, über Phönizien mit Tyrus und Sidon und über die Städte der Philister Askalon, Gaza und Ekron hereinbricht (Sach. 9, 1--8), ist unverkennbar der zweite Eroberungszug Tiglat-Pilesers, den er 734 gegen Syrien und Palestina unternahm. Von diesem Zuge wissen wir aus den assyrischen Inschriften folgendes[1]): während ein Teil des assyrischen Heeres Damaskus belagerte, das erst 732 eingenommen wurde, drang Tiglat-Pileser weiter nach Süden vor. Hier verwüstete er Israel und führte einen grofsen Teil der Einwohner dieses Reiches besonders aus dem Ostjordanland (2. Reg. 15, 29) nach Assyrien fort. An Stelle des von den Israeliten gestürzten Pekah bestätigt er den Hosea als Vasallenkönig über das so verkleinerte Israel (2. Reg. 16, 9). Dann wandte er sich

---

[1]) vgl. H. Winckler „Keilinschriftliches Textbuch zum alten Testament"
Leipzig 1892. Liefr. I. S. 21 ff.

gegen Philistäa und erhielt Tribut vom König von Askalon. Channo von Gaza wird geschlagen und Tiglat-Pileser nimmt seine Stadt in Besitz. Hiermit stimmt nun vollkommen die weltgeschichtliche Lage, wie sie in Sach. 9, 1 ff. zu erkennen ist, und alle geschichtlichen Beziehungen lassen sich aus dieser Zeit erklären. Den syrischen Städten und Landschaften Hadrach, Hamath und Damaskus, dafs damals noch nicht erobert gewesen sein mufs, so dafs also die Profetie vor 732 abgefafst ist, und Phönizien wird der Untergang als nahe bevorstehend gedroht. Auch die Philisterstädte sollen bald davon betroffen werden und mit dem König von Gaza (Sach. 9, 5) wird es aus sein. Ein von einem anderen Volk Stammender wird in Asdod wohnen (9, 6). Die Beziehung auf den in den assyrischen Inschriften erwähnten Channu, der sich dem Assyrerkönig nicht unterwirft und, geschlagen, seines Königreiches beraubt wird, ist sehr einleuchtend. Tiglat-Pileser begann also bei der Abfassung dieser Weissagung sich gegen diese Reiche zu wenden. Die nördlichen Gebiete Israels Gilead und das Land am Libanon sind nach Sach. 10, 10 ff. schon verwüstet und entvölkert und ihre Bewohner nach Assyrien deportiert. Auf diese Vernichtung und Verwüstung des Landes am Libanon und der herrlichen basanitischen Eichenwaldungen durch die erobernden Scharen der Assyrer ist sicher die hochpoetische Schilderung des Profeten Sach. 11, 1—3 zu beziehen. Das Reich Juda, dessen König Ahas den König Tiglat-Pileser gegen Rezin von Damaskus und Pekah von Israel zu Hülfe gerufen hatte (2. Reg. 16, 7), befindet sich im Frieden: Jahve schützt sein Haus, dafs kein Treiber über es kommt (Sach. 9, 8). Bei dieser Lage ist auch die Erwartung eines messianischen Königs, der in Jerusalem ein Friedensreich errichten wird, begreiflich (Sach. 9, 9), vgl. Jes. 7, 14. Auch die Hoffnung des Profeten, dafs es Juda (Sach. 10, 3) in Zukunft gelingen werde, die Israeliten aus den Ländern ihrer Verbannung Assur und Ägypten zu befreien (Sach. 10, 10), ist bei dem damaligen Zustande Judas, das durch die Hülfe des Assyrerkönig ungeschwächt aus dem Kampfe mit Syrien und Israel hervorgegangen war, und bei der hohen Begeisterung des Profeten, der an die Zukunft des Volkes Jahves und seiner heiligen Stadt Jerusalem glaubt, zu verstehen. Dafs Ägypten hier als ein Land erwähnt werden konnte, in dem sich damals Angehörige des Reiches

Ephraim befinden, hat nichts Auffälliges, sondern erklärt sich auch durch andere aus der damaligen Zeit erhaltene Nachrichten; denn Hosea, ein älterer Zeitgenosse unseres Profeten, erwartet ebenfalls die Heimkehr seiner Volksgenossen aus Ägypten. (Hos. 11, 11.) Wahrscheinlich hatten sich dorthin bei der Ankunft der Assyrer viele Ephraimiten geflüchtet, wie später Judäer bei der Ankunft Nebukadnezars nach diesem Lande flohen. Auch die Erwähnung von Juden, die damals in griechischer Gefangenschaft lebten (Sach. 9, 13), finden wir, wie wir schon oben gezeigt haben, durch Joel 4, 5 und 6 bestätigt und ist vielleicht auch Amos 1, 9 als Parallele hierher zu ziehen.

In Kapitel 11, 4—17; 13, 7—9 giebt uns der Profet, noch einmal zurückgreifend, eine sinnbildliche Darstellung seiner Wirksamkeit im Nordreich. Hier können wir noch fast sämmtliche einzelne Züge aus der Geschichte jener Zeit deuten. Sach. 11, 5 und 6 malen den Land und Volk zerrütenden Bürgerkrieg, der nach dem Tode Jerobeams II. in Israel eintrat und das Gedeihen dieses Staates für immer untergrub. Verlassen von Jahve, ihrem einzigen und wahren Hirten (Sach. 11, 5), fallen die Unglücklichen, einander aufreibend, bald diesem bald jenem Parteihaupt, das sich zum Könige aufwirft (Sach. 11, 6), in die Hände. Als der von Jahve neu bestellte Hirte begann der Profet in diesem Reiche seine Wirksamkeit, deren Segnungen symbolisch durch zwei Stäbe, den Stab „Huld" und den Stab „die Verbündeten" angedeutet werden. Zunächst werden drei Hirten des Volkes in einem Monate getötet. Dies Ereignis ist wahrscheinlich auf die Könige Sacharja, Sallum, der nach 2. Reg. 15, 13 nur einen Monat regierte, und auf einen dritten Hirten, einen Kronprätendenten, dessen Name uns seiner kurzen Regierungszeit halber in den Königsbüchern nicht erhalten ist, zu beziehen. Da aber das Volk des Profeten bald überdrüssig wird, so zerbricht er den einen Stab „Huld", wodurch der eine Teil der Güter, welche Jahve seinem Volke durch die Leitung des von ihm eingesetzten Hirten hatte zuwenden wollen, aufhörte. (Sach. 11, 9—11.) Durch das Zerbrechen des Stabes wird nämlich der Bund Jahves, der Israel vor feindlichen Angriffen der Heiden sicherte, gelöst und die, welche auf Jahve merkten, erkennen nun auch am Eintreten des Ereignisses, was das Zerbrechen des Stabes symbolisieren sollte, dafs die Drohsprüche des Profeten wahre Gottesworte waren. Mit diesen Worten ist auf das Ende des Friedenszustandes des Reiches Israel, der unter der Regierung des Menahem 738 durch die erste Invasion des Tiglat-Pilesers aufgehoben wurde, angespielt. Der Profet schildert nun weiter in Sach. 11, 12—14 die Schicksale des Nordreiches. Als der Profet von den Israeliten einen Spottlohn für seine Thätigkeit bei ihnen erhalten hat, zerbricht er auch den zweiten Stab „die Verbündeten", um damit anzudeuten, dafs auch das freundliche Verhältnis zwischen den beiden Reichen Juda und Israel fortan aufhören soll. Damit ist jedenfalls der Ausbruch der Feindschaft zwischen Israel und Juda, der unter Pekah von Israel und Ahas von Juda eintrat, gemeint. Der Profet bildet dann im Auftrage Jahves einen thörichten Hirten, der überaus gewissenlos regiert, ab (Sach. 11, 15—17). Mit diesem Könige kann nur Pekah von Israel, über dessen Regierung wir allerdings nur wenige Andeutungen haben (2. Reg. 15, 28), bezeichnet sein. Ihm weissagt der Profet 13, 7—9 die gerechte Strafe Jahves.

Als Abfassungszeit der Profetie Sach. 9—11; 13, 7—9 ergiebt sich uns also folgende: die Feindschaft zwischen Juda und Ephraim ist ausgebrochen, der syrisch-ephraimitische Krieg liegt schon hinter uns. Das Heer der Assyrer hat schon das Ostjordanland verwüstet und entvölkert (Sach. 10, 3) und sich gegen Damaskus und Philistäa gewandt. Damaskus, das 732 erobert wurde, ist noch nicht gefallen und auch Pekah († 731) lebt noch. Die Profetie mufs also um das Jahr 733/32 abgefafst sein.

Was den Verfasser anbetrifft, so scheint derselbe ein Judäer gewesen zu sein, der wie Amos zeitweilig in Israel wirkte. Er zeigt nämlich eine besondere Vorliebe für Juda (Sach. 9, 7; 9, 9; 9, 13; 10, 4). Die Wirksamkeit des Profeten scheint etwa zwanzig Jahre von dem Tode Jerobeams II. von Israel († 750) die Regierungen des Sacharja, Sallum, Menahem, Pekajah, wenn dieser nicht mit Pekah identisch ist, und Pekah bis 733/32 umfafst zu haben.

Über die Person des Profeten wissen wir nichts Näheres. Die Annahme, dafs er auch Sacharja geheifsen habe und mit dem Jes. 8, 2 erwähnten identisch gewesen sei (Bertholdt, Knobel, von Ortenberg), läfst sich nicht erweisen.

2) **Chronologische Bestimmung von Sach. 12—14.**

In dieser Profetie finden wir weit weniger Beziehungen auf die historische Situation als in der ersten Profetie, so dafs es nicht möglich ist, die Abfassungszeit dieser Profetie genau zu bestimmen. Da Sach. 12, 11, wie wir oben gesehen haben, mit grofser Wahrscheinlichkeit auf die Klage um den bei Megiddo gefallenen König Josia, die noch im frischen Andenken gewesen sein mufs, zu beziehen ist, so kann die Profetie nur aus der Zeit nach Josia stammen. Ferner zeigt die Hervorhebung Ägyptens, das sich dem göttlichen Befehle, in der messianischen Zeit zur Feier des Laubhüttenfestes nach Jerusalem hinaufzuziehen, möglicherweise widersetzen werde (Sach. 14, 18), dafs der Profet ein besonderes Mifstrauen gegen dieses Volk zu haben scheint. Und in der That hatte ein Judäer in der Zeit nach dem Tode Josias Grund zu diesem Mifstrauen, da durch die Schlacht bei Megiddo dem Volke sein König durch den Tod entrissen, der Nachfolger Joahas von Necho nach Ägypten weggeführt und das Land unter die Herrschaft der Ägypter gebracht war. (2. Reg. 23, 29—35.) Wenn nun in dieser Zeit ein Profet eine Belagerung Jerusalems durch „alle Völker von ringsumher" (Sach. 12, 2; 14, 2) schildert, so kann nur an eine Belagerung Jerusalems durch die Chaldäer und die durch sie unterjochten Völker ringsum Jerusalem gedacht werden. Als Nebukadnezar nämlich 605 bei Karkemisch in der gewaltigen Entscheidungsschlacht um die Hegemonie in Vorderasien Necho von Ägypten besiegt hatte, unterwarf er in den folgenden Jahren allmälich die kleinen Reiche Phönizien, Syrien, Philistäa und Juda, die bisher unter der Herrschaft Ägyptens gestanden hatten. In dieser Zeit, als Jerusalem abgeschnitten von jeglicher Hülfe von einer gewaltigen Macht umlagert wurde, als selbst die Bewohner der Landschaft Juda als Hülfstruppen im Heere der Feinde dienen mufsten (Sach. 12, 2), scheint der Profet die Kapitel 12 und 13 geschrieben zu haben. Er hofft entgegen der Ansicht Jeremias, der die Eroberung Jerusalems durch die Chaldäer voraussieht, dafs Jerusalem zum Taumelbecher für „alle Völker von ringsumher" werden wird. (Sach. 12, 2.) Er sieht voraus, dafs die Feinde wie zur Zeit des Jesaia vor Jerusalem mit Blindheit geschlagen zu Grunde gehen werden. (Sach. 12, 4; 12, 9.) Der Profet erwartet dann im Anschlusse an dieses Ereignis den Anbruch der messianischen Zeit, wo alle Sünde und Unreinigkeit, der Götzendienst und das falsche Profetentum, ausgerottet werden wird. (Sach. 13, 1 und 13, 2.) Auch der Sach. 12, 10 erwähnte Mord eines Märtyrers in dieser Zeit ist der Annahme der Abfassungszeit nicht entgegen. Selbst wenn sich unseres Erachtens das hier erwähnte Ereignis nicht so bestimmt auf die Ermordung des Profeten Uria ben Semaja unter der Regierung Jojakims, wie von Ortenberg meint, deuten läfst, so macht doch das Vorkommen eines ähnlichen Ereignisses in dieser Zeit immerhin das vom Profeten berichtete Ereignis wahrscheinlicher.

Die zweite Hälfte der Profetie Sach. 14 scheint etwas später verfafst zu sein. In Kap. 12, 23 erwartet der Profet, dafs Jerusalem von den Feinden nicht erobert werden wird, sondern dafs die Feinde ähnlich wie Sanheribs Heer mit Plagen und Verwirrung von der heiligen Stadt abziehen werden. In Sach. 14 dagegen ist dieser Profet auch schon zu das Erkenntnis Jeremias, die dieser Jer. 7, 4 ff. ausgesprochen hat, gekommen, dafs an Jerusalem das Strafgericht durch die Chaldäer vollzogen werden würde, die Stadt erobert und die Hälfte der Einwohnerschaft Jerusalems in die Gefangenschaft geführt werden wird. (Sach. 14, 2.) Dann allerdings hofft er, dafs die messianische Zeit mit ihren Segnungen anbrechen werde. (Sach. 14, 7 ff.) Die in Sach. 12—14 vorliegenden Profetien sind also wahrscheinlich kurz vor der ersten Eroberung Jerusalems durch die Chaldäer geschrieben worden.

Der Verfasser scheint wie Micha, ein Profet aus der Landschaft Juda gewesen zu sein. Hierauf scheint 12, 7 hinzudeuten, wo der Profet zuerst die Rettung der Landschaft Juda und dann die Jerusalems verkündet, damit sich nicht die Bewohner der Hauptstadt Jerusalem über die Landschaft erheben sollten. Auch die durchgehende Unterscheidung der Bewohner Jerusalems von den übrigen Judäern (Sach. 12, 5, 7, 8, 10; 13, 1) ist bei der Annahme, dafs der Profet aus der Landschaft stammte, erklärlich. (Ewald.)

Über seine Person wissen wir ebenso wenig wie über die des Verfassers des ersten Stückes, da die darüber aufgestellten Vermutungen in der Profetie selbst keinen Anhalt haben.

C. **Wie ist die Stellung von Sach. 9—14 am Ende des Sacharjabuches zu erklären.**

Uns sind also in Sach. 9—14, wie wir zu zeigen versucht haben, zwei Profetien aus vorexilischer Zeit erhalten. Die jetzige Stellung am

Schlusse des Sacharjabuches läfst sich nun vielleicht auf folgende Weise erklären. Aus der Ähnlichkeit der drei Überschriften Sach. 9, 1; 12, 1 und Mal. 1, 1 kann man deutlich erkennen, dafs die anonymen Profetien Sach. 9—11 und Sach. 12—14 und das ebenfalls anonyme Maleachibuch, falls Maleachi nicht der Name des Profeten ist, zusammen gehört haben müssen:

Sach. 9, 1: מַשָּׂא דְבַר־יְהוָה בְּאֶרֶץ

Sach. 12, 1: מַשָּׂא דְבַר־יְהוָה עַל־יִשְׂרָאֵל

Mal. 1, 1: מַשָּׂא דְבַר־יְהוָה אֶל־יִשְׂרָאֵל בְּיַד מַלְאָכִי

Ewald hat mit Recht nachgewiesen, dafs nur Sach. 9, 1 die Überschrift ursprünglich ist, während sie Sach. 12, 1 gar nicht zu dem Inhalt pafst, da Israel in dieser Profetie mit keinem Wort erwähnt wird und auch Mal. 1, 1 der Überschrift Sach. 9, 1 nachgebildet ist. Dies geht auch daraus hervor, dafs sonst die Zusammenstellung מַשָּׂא דְבַר־ nie vorkommt, während Sach. 9, 1, wo die Überschrift ursprünglich ist, דְבַר־ zum folgenden Satze gehört und nur מַשָּׂא die eigentliche Überschrift bildet. Der, welcher diese drei anonymen Profetien vorfand, gab also den beiden letzteren nach Sach. 9, 1, wo er allerdings fälschlich die Überschrift מַשָּׂא דְבַר zu finden glaubte, Überschriften und fügte sie dem Buch des nachexilischen Sacharja, das damals das letzte in der Sammlung der Profetenschriften war, bei. Hierdurch wurde das Zwölfprofetenbuch abgeschlossen. Später mufs man jedoch bald vergessen haben, wie diese anonymen Profetien diese Stellung erhalten hatten; denn in der griechischen Zeit erhielt das Buch, indem man die kleinen Profetenschriften gesammelt hatte, den Namen Zwölfprofetenbuch. Man hielt jetzt die beiden ersten anonymen Profetien Sach. 9—11 und Sach. 12—14 für ein Werk des nachexilischen Sacharja und zählte die dritte anonyme Profetie als ein eignes Buch das des Maleachi. Diese Zählung wurde dann später allgemein beibehalten.

Lebenslauf.

Am 22. Dezember 1866 bin ich Georg Konstanz Grützmacher in Berlin als Sohn des Kaufmanns Ernst Grützmacher und seiner Ehefrau Konstanze, geborene Fischer, evangelischer Konfession, geboren. Ich besuchte das Askanische Gymnasium und das Königliche Luisengymnasium zu Berlin. Letzteres verliefs ich Ostern 1887 mit dem Zeugnis der Reife, um Theologie zu studieren. Nach einer Reise durch Italien studierte ich ein Semester in Lausanne. (O. 1887 bis M. 1887.) Die drei folgenden Semester (M. 1887 bis O. 1889) brachte ich in Berlin zu. Neben der Theologie beschäftigte ich mich hier mit den semitischen Sprachen unter der Leitung der Herren Professoren D. D. Dillmann und Schrader. Das Sommersemester (O. 1889 bis M. 1889) verweilte ich in Halle, wo ich in den Seminaren der Herren Professoren D. D. Haupt, Kautzsch und Loofs meine theologischen und semitischen Studien fortsetzte. Die letzten beiden Studiensemester studierte ich wieder in Berlin (M. 1889 bis M. 1890). Hier wurde mir reiche Förderung in wissenschaftlicher Beziehung in den Seminaren der Herren Professoren D. D. Deutsch, Harnack, Kleinert und Pfleiderer zu teil. Nach meiner Exmatrikulation am 9. Oktober 1890 meldete ich mich zum ersten theologischen Examen pro licentia concionandi in Berlin, das ich am 27.—30. Juni 1891 bestand. Vom 8. August bis 19. September 1891 absolvierte ich in Neu-Ruppin den für die Kandidaten des evangelischen Predigtamts vorgeschriebenen Seminarkursus. Im Wintersemester 1891/92 beschäftigte ich mich vorzugsweise mit den semitischen Sprachen, daneben trieb ich philosophische und historische Studien.

Dinge — jene mochten wohl nicht gern bei den drohenden Verwicklungen Deutschland verlassen, — nach Florenz zurückgekehrt sei, die Hypothese, dass der florentinische Gesandte irgendwie durch den Herzog Leopold von Oesterreich, der auf jenem Tage anwesend war, die Hand bei der Aufnahme des Artikels über das Mailänder Bündnis gehabt haben wird[1]). Es war also keine florentinische Gesandtschaft in Frankfurt, wenn man nicht etwa annehmen will, dass neben Sacchetti noch ein anderer in Deutschland gegen Mailand zu wirken beauftragt gewesen sei.

Immerhin wird der Aufenthalt Sacchettis in Oesterreich ihm insofern nützlich gewesen sein, als er so erkennen konnte, auf welche Weise der Zwiespalt im Reiche und die Feindschaft gegen Wenzel, den Gönner Galeazzos, von Florenz benutzt werden müsse. Seine daraufgehenden Ratschläge werden die Florentiner nicht unberücksichtigt gelassen haben, ohne dass wir sagen können, ob sie ihm durch Schreiben an die rheinischen Kurfürsten oder durch Gesandte nachgekommen sind.

Denn wir sehen bei den Ereignissen in Deutschland die italienischen Angelegenheiten immer mehr in den Vordergrund treten. Im Herbste 1397 hatte sich endlich König Wenzel aus Böhmen nach Deutschland aufgemacht, und einen Reichstag nach Frankfurt berufen: am 23. Dezember erschienen vor ihm die rheinischen Kurfürsten, und überreichten ihm ihre Beschwerden[2]). Und es ist hierbei merkwürdig zu sehen, wie sie sich bemühten, deren Zahl zu vermehren. Daneben ist es von hohem Interesse festzustellen, auf wen etwa die einzelnen Punkte zurückzuführen sein mögen. Art. 1, zeigt schon wegen der Bezeichnung Benedicts XIII. als des Widerpapstes den aus-

---

[1]) Auch nach dieser Gesandtschaft scheinen zwischen den Herzogen von Oesterreich und Florenz engere Beziehungen fortgedauert zu haben. Denn als schon in Italien die Nachricht von der Wahl Ruprechts eingetroffen war, handelte es sich im florentinischen Rate darum, ob man nicht bei dieser Gelegenheit eine offizielle Gesandtschaft nach Oesterreich schicken sollte. Der Antrag scheint zwar abgelehnt zu sein, aber immerhin zeigt er, welche Hoffnungen die Florentiner auf die Herzöge setzten. Siehe Beilage. [2]) RTA III. nr. 9.

schliessich römischen Standpunkt der Opposition. Deutlicher wird uns dies durch art. 2, dass Bonifaz IX. in einer „bullen" an die Fürsten des Reichs geschrieben habe, dass Karl VI. Genua in Besitz genommen, das doch „des riches statt" sei, und dass sich Florenz mit diesem Reichsfeinde verbunden habe: beides solle Wenzel abstellen. Vielleicht mag in diesem Schreiben auch eine Aufforderung zum Romzuge[1]) gestanden haben, wie sie der Papst schon öfters an Wenzel richtete; aber warum die Fürsten nicht auch diese Beschwerde verwendeten, ist unklar. Der ganze Artikel ist also ganz sichtlich gegen Frankreich und auch gegen Florenz zu Gunsten „ander des riches stett", womit dann wohl kaum eine andere Stadt als Mailand gemeint sein kann, gerichtet.

Wie gering das politische Verständnis der Kurfürsten für die Zustände in Italien zur Zeit noch war, zeigt der nun folgende Artikel (2ᵃ). Noch eben hatten sie Wenzel aufgefordert, gegen Florenz Massnahmen zu ergreifen; nun soll er die Erhebung Mailands zum Herzogtum rückgängig machen, d. h. unter anderem auch für Florenz Partei ergreifen. Von sich aus haben die Kurfürsten dies nicht hinzugefügt, denn die Thatsache der Erhebung war doch schon auf dem Maitage ihnen bekannt, wo sie nur die Aufhebung des Bündnisses mit Mailand verlangten, was sie ja auch jetzt wiederholten. Es muss also irgend ein Feind Mailands hier eingewirkt haben, nach Lindner wäre dies „unbedenklich" Florenz.

Diese Einwirkung konnte schriftlich geschehen sein; aber es scheint dieses nicht sehr wahrscheinlich zu sein, da man in dieser Zeit auf keinen Fall in die Endabsichten der Kurfürsten eingeweiht war; an wen hätten dann die Florentiner ihr Schreiben richten, und mit welchen Anträgen bei einer noch ganz unsicheren Angelegenheit hervortreten sollen? Dagegen konnten ja, wenn auch wohl ohne offiziell aufzutreten, florentinische Agenten in Frankfurt anwesend gewesen sein, und mit den Kurfürsten verhandelt haben[2]). Aber wie sollten diese

---

[1]) Lindner l. c. p. 504. [2]) Gino Capponi, Storia della republica di Firenze I., p. 406 verweist auf Giovanni Morelli für die Geschichte der „private diplomazia che faccano i mercanti fiorentini residenti in Alemagna" etc.

nicht den gegen sie und ihren Verbündeten, Frankreich, gerichteten Artikel 2 erkannt und zu verhindern gesucht haben? Zu dieser Frage gibt uns Artikel 4 einigen Aufschluss: „item unsers herren des königes fründe hatten Berne inne in Lamparten, do der von Meylant kriegt mit den von Bern; und gaben das dem von Meylant inne und namen gelt darumb, von der wegen Berne dem rich engangen ist": also auch Verona soll Wenzel wieder dem Reiche zubringen[1]). Wie wir zu Anfang der Abhandlung gesehen, hatte es Giovanni Galeazzo verstanden in gemeinsamen Kampfe mit Francesco von Padua gegen die della Scala in Verona, nicht nur Verona zu erwerben, sondern auch seinen Bundesgenossen um Vicenza zu bringen, eine Kränkung, die dieser wohl nicht leicht vergessen konnte.

Jetzt wird dieser Vorgang nach langen Jahren hervorgeholt, um einerseits gegen Wenzel verwendet zu werden, andrerseits aber auch den König aufzufordern, seinem engverbundenen Giovanni Galeazzo das unrechtmässig erworbene Reichsgut zu nehmen. Der Reichsvikar von Padua war entschieden der durch jenen Akt am meisten geschädigte; daher möchte ich eher die Aufnahme der Italien betreffenden Punkte dem von Padua zuschreiben[2]), als den Florentinern; ihm lag die genuesische Angelegenheit ferner; bedeutend aber wurde seine Stellung geschädigt durch die Erhebung Mailands zu einem Herzogtume, wodurch wieder die Lage der Republik Florenz politisch in nichts eine schlechtere wurde.

Besser sind wir über die Urheberschaft des Artikels 5 unterrichtet. Goro Dati erzählt[3]), dass die Florentiner a tutti i nobili baroni della Magna ein Schreiben geschickt hätten, in dem Wenzel beschuldigt wurde, dem Herzog von Mailand zum Schaden des Reiches Blanquets, sog. Membranen überlassen zu haben[4]). Ohne

---

[1]) Ueber die Beteiligung der Gesandten des Königs bei der Uebergabe von Verona s. Andrea Gataro, Murat. SS. rer. Ital. XVII., 616, D. ff. Lindner, l. c, Beilage XIII. [2]) Cronica del Morelli. Anh. zu Malaspini Istoria fiorentina p. 309 hebt ausdrücklich die Mitwirkung des Reichsvikars von Padua hervor, „perché tenea amicizia nella Magna". [3])— l. c. p. 57. [4]) Corio, l. c. p, 275 gibt das Privileg Wenzels an Galeazzo, in dem uns eine grosse Anzahl von Städten etc. aufgezählt wird, mit denen

auf die Frage, ob der Anklage Thatsachen zugrunde lagen oder nicht, einzugehen, muss das hervorgehoben werden, dass gerade dieser Punkt, dass die Florentiner allen Fürsten des Reichs diese Mitteilung machten, zu beweisen scheint, dass diese zwar von der Wenzel feindlichen Strömung im Allgemeinen Kenntnis hatten, aber betreffs der Gruppirung der Parteien noch nicht unterrichtet waren.

Das Resultat dieser Auseinandersetzung ist nun in Kürze folgendes: unverkennbar ist die Einwirkung des Papstes, weniger aus politischen, als aus kirchlichen Rücksichten; sodann erscheint als höchst wahrscheinlich die Agitation des Reichsvikars von Padua, während von den Umtrieben der Florentiner bis jetzt noch wenig zu verspüren ist.

Es ist begreiflich, dass die Ueberreichung der Beschwerdepunkte von seiten der Kurfürsten an König Wenzel allenthalben das grösste Aufsehen erregte. Auch Florenz wird jetzt erkannt haben, wo es mit seinen Bemühungen einzusetzen habe, um in Wenzel seinen eigenen Feind Galeazzo zu bekämpfen. Jene Vorgänge in Frankfurt wurden sicher in Italien bekannt, und verfehlten nicht, die grösste Aufmerksamkeit auf den Zustand in Deutschland zu erregen. Von jetzt an müssen wir die Anwesenheit florentinischer Gesandten in Deutschland annehmen, von denen fast alle zeitgenössischen italienischen Quellen sprechen[1]), ohne dass es uns jedoch möglich wäre, ihre sicher geheime Arbeit im Einzelnen zu verfolgen. Geld spielte hierbei wohl keine geringe Rolle, während es Florenz auch nicht versäumte, als der Plan einer Absetzung Wenzels immer mehr hervortrat, diese unzweifelhaft widerrechtlichen Bemühungen durch Gutachten zahlreicher Rechtsgelehrten zu unterstützen[2]).

---

der Herzog belehnt sei. Es mochte wohl ganz natürlich sein, den mit der Bevollmächtigung zur Belehnung ausgestatteten Gesandten des Königs ein Blanko mitzugeben, das dann an Ort und Stelle ausgefüllt wurde. Wie das zum Schaden des Reiches geschehen konnte, zeigt am besten, dass auch die Bischofs- und Reichsstadt Trient, als zu Mailand gehörig, genannt ist. Uebrigens kamen solche Blanquets im Mittelalter gar nicht selten vor.

[1]) Z. B. Gataro. l. c. coll. 839. B. C.   [2]) Goro Dati, l. c. „con bono consiglio di molti dottori delle leggi". Ein derartiges Gutachten geht

Den einzigen Anhaltspunkt für die Umtriebe der Florentiner in Deutschland müssen wir in den Vorgängen daselbst finden[1], insofern dabei die Zustände Italiens eine Rolle spielen, insbesondere aber darauf unser Augenmerk richten, wie die Forderungen wegen Italiens eine wechselnde, aber stets konkretere Gestalt annehmen.

Wir sehen nicht, dass Wenzel gemäss den Beschwerden diese, wenigstens so weit sie Italien betrafen, irgendwie abzustellen versucht hätte. Andrerseits erhob die fürstliche Opposition, trotz der mancherlei Erfolge, welche Wenzel durch sein Erscheinen im Reiche erzielt hatte, wieder ihr Haupt. Im April 1399 kamen die vier rheinischen Kurfürsten in Boppard zusammen: die Unterdrückung des Raubritterwesens, die Zoll- und Münzfrage[2]) dienten wohl nur als Vorwand für die Zusammenkunft. Den Kernpunkt bildeten sicher die geheimen Besprechungen der Kurfürsten, deren Ergebnis unter doppelten Siegelverschluss bewahrt wurde[3]). Es kann hier nicht darauf ankommen festzustellen, welche Fortschritte die Verschwörung gegen Wenzel durch diese Zusammenkunft gemacht; aber das ist von Wichtigkeit, dass sie sich verpflichten, keiner Schmälerung des Reiches, auch solcher, die vor dieser Zeit geschehen, ihre Zustimmung zu geben, „und sunderlingen die sachen van des van Meylayn umb daz land van Meylayn solen wir nyet bestedigen." Gerade dieser Abschnitt legt uns die Vermuthung nahe, dass diejenigen Staaten, welche am meisten durch die Erhebung Mailands zum Herzogtume geschädigt waren, Padua und Florenz, der Möglichkeit, dass die Kurfürsten späterhin auf Ansuchen Wenzels oder Galeazzos ihre Zustimmung zu diesem Akte geben möchten, entgegenzuarbeiten verstanden. Und wenn es in der Urkunde

---

unter dem Namen des berühmten Rechtslehrers Franciscus de Zabarellis, s. Mitt. d. österr. Inst. f. Gesch.-Forsch. IX. p. 631 ff. Jedoch möchte ich, auf Grund der Notiz bei Dati, nicht den Papst, wie in d. Mitt., sondern Florenz als Auftraggeber annehmen.

[1]) Es erscheint mir nicht unmöglich, dass man in dem Stadtarchiv von Florenz aus Rechnungsaufstellungen noch manches finden könnte, was uns die Agitation in Deutschland besser verfolgen liesse. [2]) RTA. III. nr. 42—45. [3]) RTA. III. nr. 41.

heisst, dass auch die anderen Erwerbungen Mailands „vor datum diss brives" (April 1399), d. h. insbesondere die Besitznahme von Pisa und Siena, nicht bestätigt werden sollen, so möchte ich diesen Abschnitt in höherem Grade der Einwirkung der florentinischen Gesandten, als derjenigen Paduas zuschreiben. Die rheinischen Kurfürsten hatten durch diesen Schritt eine Verpflichtung übernommen, die ihre italienische Politik in Zukunft band; ob sie hiefür von Florenz Geld empfingen, wie manche der Quellen berichten, lässt sich nicht beweisen, erscheint aber als höchst wahrscheinlich.

Die italienischen Angelegenheiten treten jetzt vor denen des Reichs in den Hintergrund. Die Absetzung Wenzels war jetzt schon eine fest beschlossene Sache; aber es galt vor allem, zu diesem aussergewöhnlichen Schritte den römischen Papst Bonifaz IX. zu gewinnen. Von Anfang an hatten die Kurfürsten stets für den römischen Papst Stellung genommen, während andererseits Wenzel einer Neutralitäts-Erklärung zwischen beiden Päpsten, wozu man in Frankreich geschritten war, nicht abgeneigt war. Sein kirchliches Interesse hätte Bonifaz ohne zu zögern die Partei der Opposition ergreifen lassen müssen; allein was dann, wenn deren Versuch misslingen sollte? Hätte er nicht dann die Obödienz Wenzels verlieren und sich die Gegnerschaft des schon nahe an den römischen Kirchenbesitz vorgedrungenen Galeazzos zuziehen müssen? Man mag über die Ehrlichkeit in der Politik denken, wie man will; in diesem Falle konnte der Papst nicht anders handeln, als den Gang der Ereignisse abwarten, um darnach seine Entscheidung zu treffen. Demgemäss fiel auch die Antwort des Papstes auf ein Schreiben der Kurfürsten[1], das ihn, unter Androhung einer Neutralität in Sachen des Schismas im Weigerungsfalle, für ihre Pläne gegen Wenzel zu gewinnen suchte, völlig nichtssagend aus[2]: er könne sich nicht so schnell in einer so schwierigen Frage entscheiden. Einen solchen Bescheid hatten die Kurfürsten wohl kaum erwartet: thatsächlich war es wohl eine Absage des Papstes bei ihrem Vorhaben. Der Eindruck dieses Briefes hatte

---

[1] RTA. III. nr. 114.   [2] RTA. III. nr. 115.

sicher auch, neben anderen Gründen, wie dass man sich über die Person des zu Wählenden nicht einigen könnte[1]), dazu mitgewirkt, dass man auf dem Tage zu Frankfurt im Mai und Juni nicht zu einem endgiltigen Beschlusse kam. Allein man hatte damit noch nicht die Absicht, die Sache ganz fallen zu lassen, — denn man hatte sich schon zu weit auf sie eingelassen —; sondern die Kurfürsten schrieben einen neuen Tag nach Oberlahnstein aus[2]), fest entschlossen, ihre Absicht dann, umbekümmert um die Haltung des Papstes, durchzuführen.

So kamen die Kurfürsten am 11. August 1400 zu Oberlahnstein zusammen. Für unsere Frage interessirt uns nur ein Punkt der sogenannten Wahlkapitulation Ruprechts III. von der Pfalz[3]); sollte Ruprecht „von gotz versehen" (!) zum König gewählt werden, so will er die Erhebung Galeazzos zu einem Herzoge und zum Grafen von Pavia widerrufen, „ane geverde" mit aller Macht die Lande in der Lombardei und den wälschen Landen nach dem Rathe der Mitkurfürsten wieder an das Reich bringen, und bei demselben halten, und die Kosten hierzu aus jenem Lande selbst nehmen".

Die Lage der Kurfürsten hatte sich in Bezug auf Italien durchaus nicht verändert gegen früher; und doch zeigen sich fortwährende Veränderungen in ihren Beschlüssen über Italien, die immer mehr auf eine feindlichere Stellungnahme gegen Mailand auslaufen; und da den Nutzen hiervon allein die antimailändische Liga, mit Florenz und Padua an der Spitze, davonträgt, so werden wir nicht fehlgehen, wenn wir jenen Artikel ihrer Einwirkung zu Folge entstehen lassen, ohne zu entscheiden, ob Florenz oder Padua das meiste dazu beigetragen. Ohne Zweifel war dies ein bedeutender Erfolg der italienischen Politik; konnte Ruprecht seine Wahl durchsetzen, so war ein Krieg dieses mit Mailand gewiss.

Selbstverständlich nahm diese Mailänder Frage auch in den Anklagepunkten gegen Wenzel[4]), welche vor der Erklärung seiner Absetzung verlesen wurden, einen wichtigen Platz ein,

---

[1]) RTA. III. nr. 231. [2]) Einladungsschreiben s. RTA. III. nr. 146 ff.
[3]) RTA. III. nr. 200. [4]) RTA. III. nr. 204.

wobei ein Vergleich der auf Italien bezüglichen Beschwerden vom Jahre 1397[1]) mit den jetzigen von besonderem Interesse ist. Es war uns damals aufgefallen, mit welch' geringem Verständnis die Kurfürsten den Zuständen Italiens gegenüber standen. Jetzt merkt man hiervon nichts mehr; vor allem ist die von Bonifaz IX. angeregte Forderung wegen Genuas, welche, wie wir gesehen, sowohl gegen Frankreich, wie gegen Florenz gerichtet war, jetzt fortgefallen. Es ist dies einmal der Einwirkung florentinischer Gesandten zu verdanken; dann aber mochte sich Ruprecht nicht gleich von Anfang an in Gegensatz zu Frankreich setzen.

Aber auch mit dem Artikel über Mailand geht eine merkwürdige Veränderung vor: man war wohl zur Erkenntnis gekommen, dass dem König Wenzel das Recht, Mailand zu einem Herzogtume zu machen, nicht abgesprochen werden könne, wenn es auch der Gewohnheit widersprach; aber das rechnete sie ihm als schweres Vergehen an, dass er für jene Belehnung, durch welche die Einkünfte des Reichs entschieden geschmälert wurden, Geld genommen, sich habe bestechen lassen.

Von Verona ist jetzt nicht mehr die Rede. Es ist möglich, dass die Kurfürsten die Haltlosigkeit dieser Anschuldigung einsahen; man kann aber auch annehmen, dass sie hiermit dem Reichsvikar von Padua entgegenkamen, dessen Absichten entschieden zum wenigsten auf einen Teil des Vikariats von Verona gingen; wie hätten sie sich verpflichten mögen, eben dieses Gebiet wieder dem Reiche zuzuführen, auf welches ein Verbündeter von ihnen Anspruch machte?

Hiezu kam dann noch die schon oben besprochene Angelegenheit wegen der Membranen.

Auf Grund dieser, und anderer das Reich betreffenden Anklagen sprach Kurfürst Johann von Mainz „in gerichtes stad" „in namen und wegen" der Mitkurfürsten die Absetzung Wenzels „als einen unnützen, versümlichen, unachtbaren engleder und unwirdigen hauthaber" des Reiches aus. Wie schon diese

---

[1]) s. o. p. 7 ff. u. RTA. III. nr. 9.

Schlussformel bezeugt, war die auswärtige Politik nicht der geringste Grund zur Absetzung.

Das Gegenstück hierzu bildete natürlich die am nächsten Tag, dem 21. August 1400, stattfindende Wahl Ruprechts. Seine Verpflichtungen, die er vor derselben eingehen musste, haben wir schon oben besprochen. Erscheint es dann nicht geradezu als Hohn, wenn die Wähler vor der Wahlhandlung schwören, dass sie ihre „stimme und kore ane alle globde, gelt, miede, oder wie man das genennen mocht, als mir got helfe und alle heiligen etc."[1]) geben wollten, und wenn Ruprecht nach derselben an Bonifaz IX. schreibt „nescio quo dei iudicio sors eleccionis super me cecidit"[2]), besonders wenn man bedenkt, dass Ruprecht ausdrücklich vor dem Akte seine Stimme seinen Mitkurfürsen übertragen hatte[3]), weil er sich doch nicht selbst wählen mochte?

So hatte die Welt das merkwürdige Schauspiel, sowohl um die höchste geistliche, wie weltliche Macht zwei Bewerber streiten zu sehen. Für König Ruprecht, dessen persönliche treffliche Eigenschaften allseitig von seinen Zeitgenossen anerkannt wurden, kam es hauptsächlich darauf an, seine zum mindesten zweifelhaft rechtliche Erhebung durch glänzende Erfolge zu rechtfertigen. Und dazu sollte denn ein Zug nach Italien helfen, dessen Ausführung der Gegenstand meiner Abhandlung sein soll.

Hierbei ist es besonders angenehm, dass in Bezug auf die Vorbereitung des Zuges ein sehr reichliches Urkundenmaterial, und ein vorzüglicher Berichterstatter in der Person des florentinischen Gesandten Buonaccorso Pitti uns über alles wesentliche unterrichtet, so dass wir nur selten zu Hypothesen zu greifen haben.

---

[1]) RTA. III. p. 267; 5, 4. [2]) RTA. III. p. 282; 16. [3]) RTA. III. p. 267; 45.

II. Vorbereitung des Zuges.

König Ruprecht war von Anfang seiner Regierung an durch das vor der Wahl abgegebene Versprechen zu einem Zuge nach Italien verpflichtet, weniger um nach Rom zu ziehen und sich die Kaiserkrone zu holen, obwohl dieses als der Endzweck des ganzen Unternehmens aufgefasst wurde, vielmehr um in Oberitalien die Uebermacht Mailands zu brechen. Dies stand natürlich für die italienischen Agenten, von deren Wirksamkeit in Deutschland in dem einleitenden Abschnitte die Rede war, im Vordergrund; ob Ruprecht Kaiser würde, oder nicht, mochte ihnen mehr oder minder gleichgiltig sein. Wie sehr dieses den Florentinern die Hauptsache war, zeigt am besten die Motivirung der ersten Gesandschaften an Ruprecht: 14. Dezember 1400, in Alemanniam aliquis mittatur pro sciendo processum rerum et saltem capitaneum mittant, und am 3. Januar: Item quod mittatur aliquis — ad investigandum de factis novi imperatoris etc.[1]). Ihre eigene Lage verlangte eine auswärtige Hilfe, und diese sollte ihnen ein Zug des deutschen Königs über die Alpen bringen.

Selbstverständlich konnte der Romzug nicht gleich nach der Wahl unternommen werden. Für Ruprecht kam es einstweilen darauf an, den Kreis derjenigen, welche ihn als den rechtmässigen König anerkannten, deren Zahl im übrigen am Anfange eine recht geringe war, zu erweitern, im Auslande Anerkennung und Bündnis zu gewinnen, und dann Wenzel durch Waffengewalt zur Aufgabe seiner Ansprüche auf die deutsche Königswürde zu bestimmen. Sehr wichtig musste es für Ruprecht

---
[1]) Consulte e pratiche. gedr. als Beilage.

sein, welche Stellung Bonifaz IX. zur Thronveränderung einnehmen würde, und dass man von ihm die Approbation erlange¹). Auf alle diese Verhandlungen kann hier nicht eingegangen werden; ich muss mich eben beschränken, auf die zusammenfassende Darstellung bei Höfler „Ruprecht von der Pfalz". (Freib. 1861) zu verweisen, wozu man das entsprechende Aktenmaterial in den Reichstagsakten Band IV und V findet.

Dagegen müssen die Beziehungen Ruprechts zu den italienischen Staaten und Städten von vornherein näher ins Auge gefasst werden. Dieselben werden eröffnet durch Schreiben der Kurfürsten²), welche uns zwar verloren gegangen sind, aber wohl kaum mehr enthielten, als einen kurzen Bericht über die Absetzung Wenzels und die Wahl Ruprechts, und eine entsprechende Aufforderung zur Anerkennung. Von einem bevorstehenden Romzuge war in diesen Briefen wohl kaum gesprochen, wie man aus den Antworten der italienischen Städte ersehen kann. Diese sind uns deshalb von besonderer Wichtigkeit, als sie uns sofort die Parteistellung der Städte zur Thronumwälzung zeigen, die sich ganz nach dem Verhältnis zu Mailand richtet. Trotzdem eine Einwerkung florentinischer Unterhändler in Deutschland unverkennbar ist, möchte es nicht da auffallen, dass der Rat von Florenz eine auffallende Unsicherheit über die Stellung, die er gegen die Thronumwälzung einnehmen musste, noch am 10. Nov. zeigt³)? Bestätigt dies nicht unsere schon oben ausgesprochene Vermutung, dass nicht offizielle Gesandten, sondern eigene Politik treibende Kaufleute von Florenz die gegen Wenzel gerichtete Politik im geheimen unterstützten? Der Nutzen aber, den Florenz aus der Neuwahl ziehen konnte, war zu augenscheinlich, als dass es längere Zeit unentschieden bleiben konnte. Unbedingt stellte es sich auf die Seite Ruprechts⁴) und mit ihm Lucca⁵), Cortona⁶), die Grafen von Montedoglio⁷) und Padua, das heisst also die antimailändische

---

¹) Weizsaecker, in d. Abh. d. Berl. Akad. hist.-philol. Abt. 1888. RTA. IV. nr. 1—123, nebst den einleitenden Bemerkungen.   ² RTA. IV. p. 227; ₂₅. 228; ₁₀. 229; ₁₀.   ³) s. Beilage.   ⁴) RTA. IV. nr. 196 (30. November).   ⁵) RTA. IV. nr. 199.   ⁶) RTA. IV. nr. 197.   ⁷) RTA. IV. nr. 198.

Liga, die kurz zuvor, am 21. März 1400 durch Vermittlung Venedigs Frieden mit Mailand geschlossen hatte[1]). Markgraf Nicolaus von Ferrara, der, wie Venedig, an das er sich stets hielt, bei allen Kämpfen in Oberitalien eine möglichst neutrale Stellung einzunehmen sich bemühte, gab eine ausweichende Antwort[2]), während Franz von Gonzaga, Reichsvikar des so wichtigen Mantua, wie er auch bei dem letzten Kampf der Liga gegen Mailand auf der Seite des letzteren gestanden hatte, entschieden das Vorgehen der Kurfürsten verurteilte, und erklärte, unverbrüchlich an König Wenzel, als seinem rechtsmässigen Herrn, also auch an Galeazzo, festhalten zu wollen[3]). Dagegen war an Venedig nicht zu dieser Zeit geschrieben worden, da es nicht als zum Reiche gehörig betrachtet wurde. Denn dass dieses nicht geschehen, beweist eine Notiz in einem Briefe Ruprechts an diese Stadt vom 23. November[4]), in dem er den Bericht über die Ereignisse in Deutschland mit dem Ausdrucke beginnt, „prout ad vestram intelligenciam alias potuit esse deductum[5]), und dann um „amicitia" bittet. Dass er wohl kaum mehr erwarten konnte, werden ihm die italienischen Unterhändler klar gemacht haben; sie kannten aus langjähriger Erfahrung die Politik dieses Inselstaates, sich bei Streitigkeiten weder nach der einen, noch nach der anderen Seite zu verpflichten, um aus der Schwächung beider Parteien Nutzen zu ziehen.

Von ganz hervorragender Bedeutung war natürlich auch die Stellungnahme des römischen Papstes. Alsbald nach der Wahl traten die Kurfürsten[6]) und Ruprecht[7]) mit Bonifaz in Verkehr, wobei sie eine demnächst an ihn abgehende Gesandtschaft ankündigten. Bisher hatte Bonifaz, wie wir oben gesehen, auf den Versuch, ihn für ihren Plan gegen Wenzel zu gewinnen, eine ausweichende Antwort gegeben. Jetzt mochte man hoffen, dass er aus seiner reservierten Stellung heraustreten würde, um Ruprecht, dessen Parteinahme für Bonifaz ja über allen Zweifel erhaben war, unter Hinnahme der geschehenen Thatsache, zu

---

[1]) RTA. IV. p. 306 nt. 4.   [2]) RTA. IV. nr. 194.   [3]) RTA. IV. nr. 193.   [4]) RTA. IV. nr. 185.   [5]) RTA. IV. p. 216; 14, 15.   [6]) RTA. IV. nr. 219.   [7]) RTA. IV. nr. 222.

approbieren. Um so unangenehmer war es für Ruprecht, dass Bonifaz an Wenzel am 24. August, als er doch kaum mehr über die Endabsichten der Opposition im Zweifel sein konnte, ein Schreiben gerichtet hatte, in welchem er diesem seine unerschütterliche Treue und Anhänglichkeit versicherte[1]), was dann Wenzel nicht versäumte in Deutschland bekannt werden zu lassen. Nur schlecht verstand Ruprecht seine Missstimmung über die Haltung des Papstes zu verbergen: nicht weniger wie viermal betonte er in dem nächsten Briefe[2]) die Rechtmässigkeit seiner Wahl, und sicher nicht ohne Absicht geschah es, dass Ruprecht die Absendung einer Gesandtschaft erst nach der Königskrönung ankündigte. Dass letzteres aber trotzdem vor der Krönung erfolgte, daran war allein die feindselige Haltung Aachens schuld, welche eine Hinausschiebung des Termines nötig machte. Allzu lange mochte man doch nicht die Eröffnung der Verhandlungen mit der Kurie verzögern. Vom 14. Dezember ist die Vollmacht für Konrad v. Verden, Joffrid v. Leiningen und Hermann Rode als Gesandte nach Rom ausgestellt[3]), und wohl auch bald darauf traten sie ihre Reise an.

Etwa um die Mitte des Dezembers 1400 schickte nun auch Bonifaz einen Gesandten nach Deutschland „de andare a exponere inbasciata da sua parte alluno imperadore e allaltro"[4]). Er mochte erkannt haben, dass er auf seinem einseitigen Standpunkt zu Gunsten Wenzels, wenn er nicht einen Teil seiner Obödienz verlieren wollte, nicht beharren dürfe, sondern unbedingt einlenken müsse, um sich auf die Seite zu stellen, die ihm das meiste bieten konnte. Leider wissen wir nichts Näheres über diese Gesandtschaft; für uns tritt sie ganz zurück hinter die spätere Montecatinos[5]), welcher die päpstliche Antwort auf die Forderungen Konrads von Verden bringen sollte, und zwar den Entwurf der Approbations-Urkunde, und, was noch das wichtigere war, die Aufforderung zu unversäumten Zuge über die Alpen. Gerade dies zeigt, dass auch noch andere

---

[1]) RTA. III. nr. 185. [2]) RTA. III. nr. 223. — p. 282; $_{36}$. „rite", —; $_{37}$ „uti est iuris et approbate consuetudinis" p. 283; $_{8}$ und $_{9}$ „ut imoris est". [3]) RTA. IV. nr. 1. [4]) RTA. IV. p. 2; $_{7}$ff. [5]) Das päpstliche Gebiet datiert vom 25. März 1401. RTA. IV. nr. 4.

Gründe den Papst bestimmt haben, sich Ruprecht zu nähern; auch er war durch das Umsichgreifen Galeazzos in Toscana in seinem Besitzstande sehr gefährdet. Vergeblich hatte er Wenzel zu einem Zuge nach Italien zu bewegen gesucht, so dass auch für die Zukunft nicht zu erwarten war, dass sich das enge Verhältnis Wenzels zu Galeazzo ändern würde. Jetzt war Ruprecht, dessen Mailand feindliche Haltung der Kurie nicht verborgen sein mochte, gewählt; man konnte von ihm einen Versuch des Kampfes mit Mailand hoffen: darum lenkte Bonifaz ein. Daneben kann auch der Gedanke obgewaltet haben, sich durch eine Kaiserkrönung in Rom vor dem Gegenpapste in Avignon das unbedingte Vorrecht vor aller Welt zu verschaffen; von hoher Bedeutung war jedoch dieser Gesichtspunkt nicht; denn wie könnte man sonst die lange Zögerung des Papstes mit der Approbation verstehen?

Für ihn war eben der Zug Ruprechts nach Italien, insofern er einen Kampf mit Mailand zu Folge haben musste, die Hauptsache. Darum beauftragte er Montecatino, auf das Genaueste sich über den Termin des Aufbruchs, über die Truppenstärke und den einzuschlagenden Weg zu erkundigen. Dies gibt uns die Ueberzeugung, dass schon Konrad von Verden bei seinen Bemühungen, den Papst für Ruprecht zu gewinnen, mehr oder minder bestimmte Andeutungen über die Absichten des Königs gemacht, dass man also schon im Dezember 1400 einen Zug über die Alpen, als in nicht allzugrosser Ferne stehend, ins Auge gefasst hatte. Mitwirkend mag bei diesem Plane, neben den zum Teil so überaus freudigen italienischen Antwortbriefen, das Eintreffen eines Gesandten des Reichsvikars von Padua[1]) gewesen sein, der es sicher nicht an den nötigen Worten über die glänzenden Aussichten des Unternehmens fehlen liess. Wir werden noch öfters die Gelegenheit haben zu sehen, wie sehr von Anfang an Franz von Padua an der Spitze der gegen Mailand gerichteten Bemühungen stand, so dass auch schon dieser Grund uns die Berechtigung gibt, bei den italienischen

---

[1]) RTA. IV. p. 229; 16, 17, abgeschickt nach 11. November, Ankunft in Deutschland Anfang des Dezembers.

Umtrieben vor der Absetzung Wenzels nicht sowohl an Florenz, als vielmehr an Padua zu denken. Denn wie könnte man es sonst verstehen, dass Ruprecht seinem Gesandten Albrecht von Thannheim, den er nach Italien schickte¹), um dort in Reichsangelegenheiten zu wirken, den Auftrag gab, mit den nicht dem Reiche zugehörigen Städten (wie Venedig) nur „nach dez herren von Padaw rate und underwisunge"²) zu verhandeln? Das zeugt entschieden von einem hohen Vertrauen, das Ruprecht auf Franz setzte. Und wir sehen nicht, dass jener jemals darin getäuscht worden wäre: während des ganzen Zuges stand Franz ihm stets mit Rath und That zur Seite, und bietet uns so ein angenehmes Gegenstück zur egoistischen, kleinlichen Politik der Florentiner. An diesen also sollte sich Albrecht wenden: noch nicht war von einem Romzuge in dessen Instruktion die Rede, obwohl natürlich die Gesandtschaft nur eine Vorbereitung des Zuges bezweckte, um die eine oder die andere Stadt von dem Bündnisse mit Mailand abzuziehen und sie für die Partei Ruprechts zu gewinnen. Die italienischen Fürsten und Kommunen sollten zu einem Tage in Deutschland Gesandte schicken, um mit Ruprecht zu berathen, „wie man unsers herren des koniges und des heilgen richs sachen forther handel und bestelle zu dem besten und nutzlichsten"³). Zur Unterstützung dieser Werbung gab Ruprecht seinem Gesandten eine Aufzeichnung der Fürsten, Herren und Städte, welche ihn als König anerkannten⁴): indess ist uns diese nicht erhalten⁵).

---

¹) RTA. IV. nr. 188 (Ende Dezember 1400 bis Anfang Januar 1401).
²) RTA. IV. p. 219; ₂₄, u. ₃₀, ₃₁. ³) RTA. IV. p. 220; ₁, ₂. ⁴) —. p. 219; ₆. ⁵) Anders: Weizsaecker, RTA. IV. nr. 189; dieser druckt an dieser Stelle eine äusserst umfangreiche Aufzählung ab, die aber von den Thatsachen in vielen Punkten abweicht: so sind z. B. zahlreiche Städte Schwabens als ihm unterthan bezeichnet, was im Dezember 1400 noch gar nicht der Fall war, und bei dem regen Handelsverkehr zwischen Italien und Deutschland sicher den italienischen Städten als Unwahrheit nicht unbekannt geblieben wäre. Sodann: dise nachgeschriben sint an unserme herre dem künige u n d i m e gehorsam . . ., wird der Abschnitt eingeleitet. Wer ist unter diesem „ime" zu verstehen? es kann dies nur das k i r c h l i c h e O b e r h a u p t, der römische Papst, sein. Darnach ist etwa das Stück auf Anfang August 1401 zu datieren, als Beilage zur Instruktion des nach Rom bestimmten Protonotars Albrecht, vgl. RTA. IV. nr. 11, art. 12.

Deutlicher tritt dann die Romzugsangelegenheit bei den Verhandlungen mit den Herzögen von Oesterreich, besonders mit Herzog Leopold IV., in den Vordergrund[1]). Denn darauf kam es vor allem an, sie, die die beste Alpenstrasse nach Italien, den Brennerpass, beherrschten, zu gewinnen, wenn nicht überhaupt der ganze Zug in Frage gestellt werden sollte. Dass jene, bewusst ihrer entscheidenden Stellung, diese auszunutzen versuchen würden, daran war nicht zu zweifeln. Deshalb wurden mit ihnen zuerst die Verhandlungen, welche immer im Hinblick auf den geplanten Zug nach Italien geführt wurden, eröffnet, bei denen jedoch nur die Italien betreffenden Punkte hervorgehoben werden sollen. Unzweifelhaft waren die beiden Urkunden[2]), mit welchen die Unterhandlungen beginnen, schon auf dem Krönungstage zu Köln (7. Januar 1401) Gegenstand der Berathung des Königs mit den Kurfürsten, deren Ergebnis die Instruktion für den auf den 30. Januar mit den österreichischen Herzögen verabredeten Tag zu S. Veit war. Hierbei ist es von ganz besonderem Interesse zu sehen, wie sich Ruprecht zu den österreichischen Forderungen auf das Erbe von Mailand, im speziellen auf Verona und Padua[3]) sich stellte. Darauf konnte er auf keinen Fall eingehen, da er sonst seinen treuesten Anhänger Franz von Padua beeinträchtigt hätte; aber es ist charakteristisch, dass nicht dies als Grund angegeben wird, wodurch die Interessenverschiedenheit beider noch mehr hervorgetreten wäre, während er sie doch beide notwendig brauchte, sondern dass dazu allgemeine Redensarten, wie dass er doch „Mehrer des Reiches" sein wolle, herhalten müssen, die ablehnende Antwort zu motivieren. Auch wird man kaum fehlgehen anzunehmen, dass unzweifelhaft schon bei Ruprecht eingetroffene Gesandte der Florentiner[4]) ihn auf das Gefährliche einer Einwilligung auf die Forderung der Oesterreicher aufmerksam gemacht haben, andrerseits aber ihr Möglichstes thaten, den Beschluss nach Italien zu ziehen, zustande zu bringen. Dagegen konnte Ruprecht

---

[1]) Hierüber: Donnemiller „der Römerzug Ruprechts von der Pfalz" (besonders seine Beziehungen zu Herzog Leopold). Rudolfswert. Progr. 1881.
[2]) RTA, IV. nr. 216—217. (Koblenz, 12. Januar 1401). [3]) RTA. IV. nr. 217. art. 6. [4]) s. u. p. 23.

den Herzögen ganz gut Versprechungen auf nicht zum Reiche gehörige mailändische Besitzungen, oder auch auf sonst ein paar Schlösser machen. Für diese und einige andere Leistungen verlangt der König Offenhaltung der Strassen und Pässe nach Italien und Hilfe gegen Mailand.

Anfang Januar also war ein Zug über die Alpen zum Kampfe gegen Mailand eine beschlossene Sache; noch fehlt aber jegliche Angabe über den Zeitpunkt desselben. Dass er möglichst rasch zustande käme, war die Hauptaufgabe der italienischen Gegner Mailands. Ihnen konnte jeder Verzug neue Gefahr, das Erscheinen Ruprechts in Italien bei einem günstigen Verlaufe Rettung bringen, bei einem ungünstigen aber ihre Lage nicht verschlimmern. Wie viele Verbannte Mailands mochten sich mit der Hoffnung getragen haben, jetzt wieder ihrem Besitz und ihrer Heimat zurückgeführt zu werden, Gedanken, wie sie von einem Andreas de Marinis von Cremona[1]), oder Petrus de Gualfredinis von Verona[2]) in prunkvollen, leidenschaftlichen Schreiben an Ruprecht übermittelt wurden.

Neben Franz von Padua trat in dieser Zeit auch Florenz in offene Beziehungen zu Ruprecht, und nahm bald die erste Stelle unter den italienischen Parteigängern ein[3]). Wie schon vorher Franz, hatte auch Florenz Mitte Dezember eine Gesandtschaft nach Deutschland zu schicken beschlossen, ohne dass wir dieser einen grösseren Wert beizulegen haben. Wichtiger ist die Beratung vom 3. Januar 1401: der abzuschickende Gesandte erhält den Auftrag, sich genau über die Pläne des neuen Königs, besonders bezüglich des Romzuges, zu informiren. Und schon sprach man es aus, dass der Romzug, wenn er zustande käme, den Florentinern Nutzen, Mailand aber Verderben bringen müsse. Und da man bei den kommenden Wirren in Italien gerüstet sein müsse, sollen die Festungen und Burgen in Verteidigungszustand gesetzt, mit König Ladislaus von Neapel aber Verhandlungen wegen einer Liga angeknüpft werden. Entscheidend für den diplomatischen Verkehr der Florentiner war der Aufenthalt des Bischofs Konrad von Verden, der nach Rom als Gesandter

---

[1]) RTA. IV. nr. 260.   [2]) RTA. IV. nr. 259.   [3]) Für das Folgende s. Beilage.

bestimmt war, in Florenz, vom 30. Januar[1]), bis mindestens zum 8. Februar 1401[2]). Denn jetzt tritt zum ersten Male der Gedanke auf, dass Florenz zur Erfüllung seines Wunsches an den König eine gewisse Geldsumme auszahlen, und die Bemühungen seiner Gesandten durch eigene unterstützen müsse, vor allem um den Papst zur Approbation zu bewegen. Ausser nach Rom, beschlossen die Florentiner auch nach Deutschland Gesandte zu schicken, um mit dem Könige über die Bedingungen zu unterhandeln, unter welchen er geneigt wäre, ihren Wünschen nachzukommen. Und zu dieser Gesandtschaft nach Deutschland wurde Buonaccorso Pitti, der sich schon durch einen mehrfachen Aufenthalt in Deutschland empfahl[3]), gewählt, und ihm Ser Piero da Sanminiato beigegeben[4]), ohne dass dieser von irgend welcher Bedeutung gewesen zu sein scheint.

Neben den beiden Gesandtschaften nach Rom und an Ruprecht wurde auf Ansuchen Konrads ein weiterer Gesandte nach Oberitalien bevollmächtigt, um die Bemühungen Albrechts von Thanheim, den Kreis der Anhänger Ruprechts zu erweitern, auch seinerseits zu unterstützen[5]). Daneben beherrschte die florentinische Politik der Gedanke, wenn möglich, die alte Liga gegen Mailand wieder ins Leben zu rufen. Letzteres gelang aber nicht. Die Gesandten wurden wohl freundlich aufgenommen, ohne aber in der entscheidenden Frage Erfolg zu haben. Bologna, Ferrara und Venedig waren nicht geneigt, ihre bisher beobachtete Neutralität aufzugeben, während natürlich Franz von Padua ebenso sehr die Partei Ruprechts, wie Franz Gonzaga von Mantua diejenige Mailands begünstigte. Bisher war es also noch nicht möglich gewesen, in der politischen Lage eine Aenderung zu schaffen. Zwei feindliche Lager standen sich schroff gegenüber, stets bereit, bei Venedig über Friedensverletzung des Gegners Beschwerde zu führen, um dieses auf diesem Wege mit der Gegenpartei zu verfeinden. Je nach den Umständen antwortete der venezianische Rat unter Hinweis auf völlige Unkenntnis

---

[1]) Minerbetti, cronicon in Script. rer. Ital. ed. Tartinius. II. c. 430ff. Sozomenus bei Muratori, SS. rer. Ital. XVI. c. 1171.   [2]) Beil. 8. Februar.
[3]) Scip. Ammirato. l. c. p. 93.   [4]) RTA. IV. nr. 258.   [5]) RTA. IV nr. 263.

mit den beklagten Vorgängen¹), oder liess gelegentlich einmal eine leise Verwarnung erteilen²): offen spielte er sich immer noch als Hüter des Friedens auf, während er es im Geheimen wohl geschehen liess, dass in Venedig Aktionen vorgenommen wurden, welche eine auch ihm erwünschte Schwächung Mailands zum Ziele hatten.

Nimmt man hinzu, dass auch in Rom alle Verhandlungen der Gesandten Ruprechts trotz der sicher höchst thätigen Unterstützung der Florentiner in der Hauptfrage, nämlich in der unverzüglichen Approbation des Königs, erfolglos blieben, dass man andrerseits auch von päpstlicher Seite auf einen Zug nach Italien drängte, so kann man sich denken, mit welchem Interesse man allseitig die Gesandtschaft Pittis an Ruprecht verfolgte³).

Wie wir oben gesehen, war man sich im florentinischen Rate über die Notwendigkeit eines Romzugs schon längst klar; dass man zu diesem Zwecke Geld anwenden müsse, war schon am 8. Februar Gegenstand der Verhandlungen, und ferner, dass nach Deutschland Gesandte geschickt werden sollten. Aber wohl mochte man noch auf Nachrichten über den Erfolg der Gesandten in Rom warten. Darum verzögerte sich die Abreise der Gesandten nach Deutschland: denn erst vom 21. Februar ist die Vollmacht datiert⁴), kraft deren Pitti berechtigt wird, Verträge zu schliessen, den Treueid zu leisten, u. a. m. Leider ist uns die eigentliche commissio, von der in den Akten öfters die Rede ist, nicht erhalten; allein wir sehen aus diesen, wie aus Pittis Berichte, dass es sich den Florentinern vor allem darum handelte, dass der Romzug noch in diesem Jahre 1401 angetreten werde, und dass der Gesandte auf keinen Fall über die zum Zwecke bewilligte Geldsumme, nämlich 100.000 Dukaten, hinausgehen dürfe; sollten grössere Anforderungen an ihn gestellt werden, so ist deswegen sogleich an den Rat zu schreiben. Im übrigen mag Pitti noch den Auftrag gehabt haben, die Lage Italiens möglichst günstig zu schildern. So brach denn

¹) RTA. IV. nr. 262. ²) RTA. IV. nr. 260. ³) Ueber diese s. Cronica di Buonaccorso Pitti, ed. G. Manni. Fir. 1720, die hierher gehörenden Stücke abgedruckt in d. RTA. IV. nr. 302, und vgl. auch d. Gesandtschaftsbericht Pittis, RTA. V. nr. 33. ⁴) RTA. IV. nr. 258.

Pitti mit seinem Genossen am 22. Februar[1]) nach Deutschland auf, wobei sich ihm in Padua, als Bevollmächtigter des Reichsvikars, Dorde anschloss, um auch seinerseits den Romzug zu betreiben. In Amberg, also nach dem 24. März, trafen sie beim Könige ein[2]), der sie auf jede Weise auszeichnete. Er mochte sich wohl schon mit dem Gedanken vertraut gemacht haben, seine in keiner Weise günstige Lage, namentlich jetzt nach dem erfolglosen, aber kostspieligen Feldzug gegen Böhmen, durch einen Romzug zu verbessern. Die Kosten dieses Zuges konnte er von sich aus nicht aufbringen; diese musste Florenz übernehmen, wenn er sich dem zu liebe in den Kampf mit Mailand einliess. Jedenfalls waren seine Erwartungen, denen er wohl auch den Gesandten gegenüber Ausdruck gab, auf das höchste gespannt, so dass sich Pitti wohl hütete, mit dem Angebote von 100.000 Duk. hervorzutreten. Bei den Verhandlungen über die Geldfrage bestimmten die Unterhändler des Königs, vielleicht weil sie durch florentinische Kaufleute erfahren hatten, dass Florenz eine auf 600.000 fl. Ergebnis geschätzte Steuer ausgeschrieben[3]), die Forderung anfänglich auf 500.000 fl., gingen aber dann auf 200.000 fl. zurück: so viel müsse der König haben, wenn von dem Zuge in diesem Jahre die Rede sein könne. Immerhin ging diese Summe über die der Vollmacht hinaus, so dass Pitti gezwungen war, nach Florenz zu schreiben, wohl mit dem dringenden Rate, der Forderung nachzugeben.

Wohl nur schweren Herzens mag Ruprecht seine Ansprüche auf die Summe von 200.000 fl. ermässigt haben, so dass er nicht mehr so zuversichtlich dem Romzuge entgegensah, wie früher. Wenn nun in dieser den Florentinern nicht gerade

---

[1]) Die Daten schwanken bei dem offiziellen Gesandschaftsberichte, und der Chronik Pittis; im allgemeinen haben diejenigen der Chronik mehr Wahrscheinlichkeit für sich. Der 22. Februar ist vielleicht so zu erklären, dass Pitti zu dieser Zeit gar nicht in Florenz war, und Ser Pero an diesem Tage mit der Vollmacht zu ihm eilte. [2]) Nach dem offiziellen Bericht am 18. März, wo sich Ruprecht noch in Nürnberg aufhielt. Vgl. Chmel. Regesta Ruperti regis Romanorum. Fkf. 1834. nr. 293, 294.
[3]) Morelli, l. c. p. 309.

günstigen Zeit ein allem Anscheine nach von Galeazzo gegen den König gerichtetes Attentat auf Grund einer von Pitti kurz vorher ausgesprochenen Warnung entdeckt wurde, also zur politischen Feindschaft gegen diesen nun auch die persönliche sich gesellte, so ist das doch ein zu grosser Glückszufall, als dass man nicht annehmen möchte, dass jene beiden Gesandten ihre Hände bei der Intrigue im Spiel gehabt hätten[1]). Jedenfalls war durch dieses Ereignis Ruprecht in seiner Absicht, nach Italien zu ziehen, bestärkt und kam somit den Plänen Pittis entgegen.

Von Amberg wandte sich Ruprecht nach Nürnberg, wohin er die Grossen des Reiches auf den 1. Mai berufen hatte[2]). Dass auf diesem Tage die Romzugsfrage zur Sprache kam, ist selbstverständlich; das bezeugen auch die zahlreichen Anknüpfungen mit auswärtigen Mächten, welche im Hinblick auf den Zug eröffnet wurden, so mit Savoyen, Frankreich, den Eidgenossen und Aragonien[3]): aber da diese Verbindungen von geringem Einfluss auf die Vorbereitungen des Zuges waren, ist es nicht nötig, an dieser Stelle näher auf sie einzugehen. Viel wichtiger war natürlich die Ankunft Konrads aus Rom, und mit ihm die Antonios de Montecatino[4]): aber sie brachten nicht den gewünschten Bescheid; vielmehr erregte schon die Form des Kredenzbriefes Montecatinos grossen Unwillen bei König Ruprecht, den er auch in entsprechenden Worten dem Papste und den Kardinälen merken zu lassen sich nicht scheute[5]). Noch weniger entsprach der Inhalt der päpstlichen Antwort seinen Erwartungen: „moram periculosam implicans responsum" nennt er sie[6]). Denn was nutzte ihm eine Approbations-Urkunde[7]), die in einer Form abgefasst war, dass er sie auf keinen Fall annehmen konnte,

---

[1]) Höfler, l. c. p. 212, spricht von einem Rechtfertigungsschreiben Pittis: dies wird wohl eine Verwechselung mit einem Schreiben Galeazzos sein, das denselben Zweck, wie mir scheint, mit grossem Geschick verfolgt. RTA. IV. nr. 308. nr. 303 nr. 304. [2]) RTA. IV. nr. 267, art. 3. [3]) RTA. IV. nr. 297 ff. nr. 314, nr. 294 ff., nr. 293 und 292, nr. 315 ff. [4]) RTA. IV. p. 399; $_{14}$. Ulman Stromer in Chroniken der deutschen Städte I. p. 54; $_{24}$. [5]) RTA. IV. p. 27; $_{3, 30}$. [6]) RTA. IV. p. 27; $_{2, 29}$. [7]) RTA. IV. nr. 6.

oder dass der Papst mit der Forderung eines schleunigen Einmarsches in Italien an ihn herantrat, ohne selbst auch nur die geringste Verpflichtung für die Zukunft zu übernehmen. Am besten zeigt sich die Unzufriedenheit des Königs über diese Haltung des Papstes in den Antworten, die er dem nach Rom zurückkehrenden Montecatino mitgab, welche an Kürze nichts zu wünschen übrig lassen[1]). Vielleicht wäre der Zug ganz in Frage gestellt worden, wenn nicht die italienischen Gesandtschaften von Padua und Florenz alles daran gesetzt hätten, ihn doch zum Zuge zu bewegen. „Und man lag kunk Ruprecht vast an, daz er gen Welissen landen und gen Rom zien solt", berichtet Ulman Stromer von der Thätigkeit der fremden Gesandten auf dem Tage von Nürnberg[2]). Und wie sehr deren Agitation Ruprecht gefiel, zeigt uns ein Lob, das derselbe der Beredsamkeit des paduanischen Gesandten zuerteilt[3]). Zugleich scheint jetzt auch die Antwort aus Florenz eingetroffen zu sein, auf Grund deren die Verhandlungen zu einem gewissen Abschluss gelangten. Florenz gab nach, indem die vertragsmässige Unterstützung auf 200.000 fl. festgesetzt wurde, ohne jedoch wohl die Zahlungsbedingungen genau anzugeben. Wie sehr aber Pitti Ruprecht gegenüber das Opfer, das Florenz bringe, betont haben mochte, ersieht man schon daraus, dass sich Ruprecht bewogen sah, sich über die Höhe seiner Ansprüche zu entschuldigen, die er aber stellen müsse, wenn er auch wisse, wie schwer es Florenz falle, eine solche Summe aufzubringen[4]); und dass diese nur im Interesse Italiens, d. h. von Florenz verwandt werden sollte, war eigentlich klar; allein der vorsichtige Florentiner liess sich noch eine ausdrückliche Versicherung davon geben[5]). Zu einem definitiven Vertrage kam man in Nürnberg doch nicht: Pitti gibt als Grund an, dass zu wenig Fürsten auf dem Tage anwesend gewesen seien, so dass es rathsam erschien, die so schwerwiegende Entscheidung auf einem weiteren Tage

---

[1]) RTA. nr. 8, 9. (12. Mai 1401). [2]) St. Chr. I. 51; ₁. [3]) RTA. IV. p. 372; ₃₉. (15. Mai 1401). [4]) RTA. IV. nr. 305. (23. Mai 1401). [5]) RTA. IV. nr. 306. (23. Mai 1401).

zu treffen. Diese Angabe stimmt auch damit überein, dass der König nur die archiprincipes nach Nürnberg berufen[1]) hatte, so dass wir es hier mit Vorberathungen zu thun haben. Immerhin ist es gut, den Vertragsentwurf[2]) zwischen Ruprecht und Florenz schon an dieser Stelle zur Erörterung heranzuziehen, weil auf ihm alle anderen Entwürfe beruhen, und wir dann nur auf die Aenderungen dieser gegenüber dem ersten hinzuweisen haben.

Art. 1. Pro celeriori expedicione in Italiam will Florenz als Geschenk (dono) 200.000 Duk.[3]) zahlen, in exterminium comitis Virtutum. Ruprecht kann von deutschen Kaufleuten vor Antritt des Zuges als erste Rate 110.000 Duk. aufnehmen, welche es unter gewissen Bedingungen in Venedig auszuzahlen verpflichtet ist.

Art. 2. Den Rest, also 90.000 Duk., zahlt es in Venedig oder einer anderen Stadt Italiens für die Besoldung der Truppen in den der ersten Zahlung folgenden zwei Monaten, insofern der König in Italien ist cum felici exercitu suo ad invadendum territorium comitis Virtutum hostiliter et potenter, exclusis dolo et fraude.

Art. 3. Gegen entsprechende Bürgschaft leiht Florenz weitere 200.000 Duk. in Monatsraten.

Art. 4. Bestätigung der florentinischen Privilegien.

Art. 5. Ruprecht muss presenti anno (1401) nach Italien ziehen, und zwar einundeinhalben Monat nach Empfang der ersten Rate. Bei einem eventuellen Tode des Königs verliert Florenz das ausgezahlte Geld ohne Ansprüche an die Nachkommen desselben.

Art. 6. Der König verpflichtet sich pro posse Mailand zu vernichten, im übrigen aber Florenz in seiner Freiheit und Rechten zu erhalten.

---

[1]) RTA. IV. nr. 267. art. 3.   [2]) RTA. IV. nr. 307. (c. 23. Mai 1401.)   [3]) Trotzdem auf 100 Duk. 110 fl. gerechnet wurden, ist die Unterscheidung der beiden Geldsorten in keiner Weise streng durchgeführt, so dass es vielfach am besten ist, der Quelle zu folgen. Vgl. RTA IV. p. 7; p. 215 nt. 1.

Dieser Entwurf erscheint als ein solches Meisterstück der florentinischen Diplomatie, dass es doch interessant ist, denselben mit einem Kommentar zu versehen.

Man kann nicht läugnen, dass der Entwurf in Wahrheit ein Mietsvertrag ist, wenn man auch dieses Verhältnis durch den Zusatz „dono" zu verdecken suchte. Beiderseits verpflichtet man sich zu Leistungen; kommt eine der Parteien diesen nicht vertragsmässig nach, so ist auch natürlich die andere zu nichts weiter verpflichtet. Florenz opfert Geld für ein glücklich verlaufendes Unternehmen (vgl. Art. 2). Denn leistet der König nicht das, was man von ihm erwartet, so ist es berechtigt, sich vom Vertrage loszusagen; anders kann man die Zusätze, wie „cum felici exercitu", und „hostiliter et potenter" etc., nicht auffassen. Und es scheint, als ob man von deutscher Seite auch eine Ahnung von der Wichtigkeit jener Klauseln gehabt, und dass man doch die Bedeutung der 5 ersten Artikel abzuschwächen suchte, indem man einen 6. Artikel anfügen liess, der im wesentlichen gar nichts neues besagte, aber doch den kleinen, in der Sache aber sehr wichtigen Zusatz „pro posse" enthielt. Immerhin ist es Thatsache, dass nur grenzenloser Optimismus und Unkenntnis der Zustände in Italien einem solchen Vertragsentwurfe ihre Zustimmung geben konnten.

Einstweilen fehlte noch dem Entwurfe die Unterschrift. Ruprecht beeilte sich, denselben an Franz von Padua, der stets neue Beweise seiner Treue gab[1]), zur Begutachtung zu übersenden[2]), die bei der unzweifelhaften Mitwirkung paduanischer Gesandten kaum anders als zustimmend ausfallen konnte. Es lag auch gar nicht in seinem Interesse, den König auf die gefährlichen Klauseln des Entwurfs aufmerksam zu machen; sondern auch für ihn war es eine Existenzfrage, möglichst rasch den König gegen Mailand ins Feld zu bringen.

Zu gleicher Zeit wanderte der Entwurf nach Florenz zur Bestätigung, wobei Ruprecht sich doch noch bewogen sieht, zur Annahme desselben zu mahnen, da sonst von einem Zuge „pro presenti" keine Rede sein könne[3]). Es ist dies wohl nur

---
[1]) RTA. IV. nr. 311, (15. Mai 1401). [2]) RTA. IV. nr. 312. (26. Mai 1401.) [3]) RTA. IV. p. 367; 16, 17.

eine Nachwirkung von dem Sträuben Pitti's, bis er in Bezug auf die Geldforderung aus diplomatischen Rücksichten nachgab, während er andrerseits allem Anscheine nach es auch nicht unterliess, auf die voraussichtliche Annahme der Bedingungen von Florenz, so schwer sie auch seien, hinzuweisen. Denn wir können aus verschiedenen Regierungsakten deutlich erkennen, dass Ruprecht jetzt schon völlig von dem Zustandekommen des Zuges überzeugt war. So erhielt Franz von Padua von ihm eine Vollmacht, in Sachen des „de proximo" stattfindenden Zuges zu verhandeln, besonders aber Venedig zu gewinnen[1]).

Unter ausdrücklicher Betonung, dass es sich um die Beschlussfassung über den Zug nach Italien handle, wurden dann Fürsten und Städte zu einem Reichstag nach Mainz auf den 29. Juni berufen[2]). Bis dahin, mochte man hoffen, würde wohl die Bestätigung des Nürnberger Entwurfs von Florenz eingetroffen sein. In der Zwischenzeit war man natürlich auch nicht müssig: so wurden die Städte aufgefordert, ihre Boten zum 12. Juni nach Mainz zu senden[3]), um mit den Räten des Königs „zu reden umbe hulffe und dieuste uus zu deme selbe tzoge zu dun[4])". Und an die Grafen und Herren in Deutschland, vermutlich ebenfalls wegen des Heeresdienstes, wurde Bischof Konrad von Verden bevollmächtigt[5]).

Wie sehr der Plan eines Romzuges in Deutschland Aufsehen erregte, vermag man schon aus der so überaus zahlreichen Beteiligung an dem Reichstag zu Mainz ersehen[6]), auf dem natürlich die Berathung über den Zug im Mittelpunkt des Interesses stand. Hier gelangte man endlich[7]) zu einer, wie es schien, endgiltigen Vereinbarung mit Florenz, deren Inhalt uns Pitti überliefert[8]): wenn Ruprecht sich mit Heeresmacht den ganzen kommenden September in der Lombardei aufhält, werden seinem Kommissär in Venedig 50.000 Duk., und dann in 3 Raten di tempo a tempo weitere 150.000 Duk. ausbezahlt[9]).

---

[1]) RTA. IV. nr. 313.   [2]) RTA. IV. p. 401.   [3]) RTA. IV. nr. 344.
[4]) RTA. IV. nr. 345.   [5]) RTA. IV. nr. 287.   [6]) RTA. IV. p. 401, 402.
[7]) Dopo molti consigli e pratiche tenute. RTA. IV. p. 362; [8]) —. p. 362. art. 9.   [9]) Dieser Abschnitt bei Pitti erregt einigen Verdacht,

Ein Vergleich mit dem Entwurf, der in Nürnberg aufgesetzt war, zeigt eine entschiedene Modifizierung im florentinischen Interesse: die Florentiner mochten wohl nicht zum voraus als erste Rate 110.000 Duk. riskieren, sondern wollten erst den Erfolg abwarten. Leider sind die näheren Bestimmungen nicht erhalten: aber so viel erscheint sicher, dass man in Mainz einen definitiven Vertrag geschlossen zu haben glaubte, wie nun auch Ruprecht nicht mehr zögerte, die Privilegien von Florenz in vollem Umfange zu bestätigen und die Stadtobrigkeit zum Generalvikar zu ernennen[1]). Auf Grund dieses Vertrages mit Florenz stand dem königlichen Aufgebot nichts mehr im Weg: „mit unseren kurfürsten und etlichen anderen unsern und dez richs fursten, graven und herren rate" werden die Reichsstädte, und so jedenfalls auch die Fürsten und Herren des Reiches, aufgefordert, mit der üblichen Glevenzahl sich „of unser frauwentag" (8. September) zu Augsburg am Lech einzustellen, um wegen der Krönung „uber berge gein Lamparthen" zu ziehen.

Alles schien aufs beste von statten zu gehen: noch eine grosse Zahl anderer Reichsangelegenheiten, welche zum teil auch gewisse Beziehungen zum Romzuge hatten, wurden rasch erledigt[2]). Grösseres Interesse nimmt die Anwesenheit zweier päpstlicher Gesandten in Mainz[3]) in Anspruch; wir wissen zwar nicht, mit welchem Auftrag sie gekommen, wir können aber vermuthen, dass sie die ungünstige Wirkung der Gesandtschaft Montecatinos abschwächen sollten, was ihnen auch insoweit gelungen zu sein scheint, als bald darauf auch Ruprecht durch einen besonderen Gesandten, den Protonotar Albrecht, die Verhandlungen mit der Kurie wieder aufnahm[4]). Auch

---

wenn man bedenkt, dass sowohl in Nürnberg, als auch späterhin in Augsburg, und auch bei den Berathungen des florentinischen Rates am 28. Juli jeweils von einer Zweiteilung, mit 110.000 fl. als erster Rate die Rede ist. (s. Beil.).

[1]) RTA. IV. nr. 358.   [2]) RTA. IV. Tag zu Mainz, Juni - Juli 1401.
[3]) RTA. IV. p. 476; 10, 11. Diese beiden Boten sind vielleicht mit den RTA. IV. p. 2 und 3 genannten päpstlichen Gesandten zu identifizieren.
[4]) RTA. IV. nr. 10—14.

mögen sie nicht ohne Einfluss auf die Beschlussfassung des
Romzuges, mit dem ein besonderer Wunsch des Papstes erfüllt
zu werden schien, gewesen sein.

Da traf den König eine schwere Enttäuschung[1]: man hatte
die Ausschreiben ins Reich versandt in der festen Hoffnung,
dass alle Verabredungen, die man getroffen, ausgeführt werden
könnten. Nun aber erklärten die deutschen Kaufleute, welche
versprochen hatten, Ruprecht die ihm von Florenz in Aussicht
gestellten 50.000 Duk. nicht zahlen zu können, da ihre
Geschäftsfreunde in Venedig ihnen den Kredit verweigerten,
nachdem sie in Erfahrung gebracht, wozu das Geld verwandt
werden sollte. Gegen diese Erklärung halfen weder Bitten noch
Drohungen: das Geld war von den Kaufleuten nicht zu bekommen.
Die Lage des Königs war so eine höchst peinliche: er selbst
war finanziell ganz und gar machtlos; aber seine Ehre verlangte
die Ausführung des Beschlusses. In seiner Not wandte er sich
an Pitti, der wohl merkte, dass jetzt der ganze Plan in Gefahr
stand zu scheitern, mit der Bitte, möglichst rasch nach Florenz
zu eilen, um von dort wenigstens 25.000 Duk. ihm nach
Augsburg entgegenzuführen. In eindringlichen Worten schilderte
er Pitti gegenüber, wie in dessen Vollmacht an Florenz, seine
bedrängte Lage; ohne genügende Geldunterstützung könne zu
seinem und der Florentiner Schaden in diesem Jahre aus dem
Zuge nichts werden. Trotz alles Sträubens Pittis, der wohl
ahnte, dass die Reise nutzlos sein würde, musste sich dieser,
um Ruprecht zu Gefallen zu sein, auf den Weg machen, doch
kaum ohne den König unter Vorspiegelungen auf die Hilfe
der Florentiner zu weiteren Rüstungen zum Zuge zu bestimmen.

Denn wie wäre es sonst möglich gewesen, dass Ruprecht bei
einer solchen Sachlage noch die Hoffnung hegen konnte, durch
die Absendung Pittis von Florenz sogar 110.000 Duk. in baarem
Gelde zu erhalten, ja sogar zwei Gesandte bevollmächtigte, eine solche
Summe zu erheben[2]), und wegen des Geleits von „100.000 gulden
oder ein wen'g me" mit den Herzögen von Oesterreich, oder

---

[1]) Für das Folgende wieder Pitti, l. c.   [2]) RTA. IV. nr. 361.
(20. Juli 1401) für Konrad von Freiberg und Johann von Mittelburg.

wenn diese sich weigerten, mit Venedig oder Padua zu verhandeln[1])? Bei einem anderen Charakter, wie dem Ruprechts, könnte man auf den Gedanken kommen, dass dies alles nur fingiert sei, um im Reiche dem Zweifel an einem Zustandekommen des Zuges den Boden zu entziehen, wenn sich das Gerücht von dem bevorstehenden Eintreffen solcher Geldsummen verbreitete; bei Ruprecht aber ist das eben ein neuer Beweis seines unverkennbaren Optimismus, mit dem er sich gerne über unangenehme Situationen hinwegtäuschte. Wir werden noch öfters Gelegenheit haben, diesen für ihn so unheilvollen Charakterzug zu bemerken und zu verurteilen. Wie hinterlistig Florenz dem Könige gegenüber verfuhr, zeigen uns am besten die Verhandlungen der signori: zwar erkannte man die Notwendigkeit der Ankunft Ruprechts an; darum soll man ihn durch Versprechungen zum Zuge bewegen, aber diesen, nur wenn es sich nicht anders machen liesse, nachkommen. Man dachte wohl gegen ihn gerade so zu verfahren, wie gegen den Grafen von Armagnac. Ruprecht aber zweifelte keinen Moment an der Vertragstreue der Florentiner.

Als einen wichtigen Erfolg konnte es Ruprecht betrachten, dass jetzt auch die Herzöge von Oesterreich für ihn gewonnen wurden. Besonders angenehm war dabei, dass er nur verpflichtet war, „zu Lamparten etwaz stette oder geslosse" ihnen als Lohn aus der Beute zuzuteilen[2]). Dass unter diesen Städten Verona, Vicenza und andere, die auch Franz von Padua aus der Beute für sich erhoffte, gemeint waren, ist klar; man wollte die Städte nur nicht nennen, um nicht den anderen Anwärter zu verletzen. Ruprecht musste eben den Forderungen der Herzöge nachgeben, da alle Verhandlungen mit den Eidgenossen der Schweiz und mit dem Grafen von Savoyen, um durch deren Gebiet Durchzug zu erlangen, ohne Erfolg blieben, abgesehen davon, dass es nicht wünschenswert erschien, so weit weg von Padua, ohne jeden militärischen Rückhalt zu haben, den Kampf mit Mailand zu eröffnen.

Die Brennerstrasse konnte allein für ihn in Betracht kommen: aber sollte sich der König sogleich an den Mauern

---

[1]) RTA. IV. nr. 357.   [2]) RTA. IV. p. 424; ;.

des äusserst festen Verona, das den Ausgang des Passes gegen die Poebene beherrschte, den Kopf zerschellen? Soweit aber traute Ruprecht den Vorspiegelungen der italienischen Grossen doch nicht, dass er dem Glauben verschenkt hätte, wenn Wilhelm de Castala, Podestà von Padua, ihm schrieb[1]), keine Macht der Welt könne es verhindern, dass eben jenes Verona sofort bei des Königs Erscheinen ihm zufalle. Sicher war es Franz von Padua, der mit der grössten Bereitwilligkeit ihn stets von den Vorgängen in Italien unterrichtete[2]), der einen massgebenden Einfluss bei den militärischen Beschlüssen ausübte. Auf ihn wird dann auch zurückzuführen sein, dass schon am 10. Juli ein Angriff auf das wichtige Brescia ins Auge gefasst wurde[3]). Dort, in den Bergen bei Brescia, waren zahlreiche Adelsfamilien angesessen, welche nur mit Grimm der Herrschaft Mailands sich beugten, und sehnsüchtig der Ankunft des neuen Königs harrten, um gegen den Feind loszuschlagen. Darum mochte es rathsam sein, mit dieser Partei, an deren Spitze Petrus de Lodrone stand, in Verbindung zu treten. Diesen Feldzugsplan, der immerhin manches für sich hatte, nahm Ruprecht an; er bevollmächtigte zwei Gesandte, von denen Johanniolus von Como, wohl auch ein von Galeazzo vertriebener Edelmann, die Verhältnisse in den Bergen Brescias aus eigener Anschauung kennen mochte, an Petrus de Lodrone und dessen Parteigänger in montanea Brixie[4]): hier sollen sie sich nach den Wegen durch das Gebirge erkundigen, die Strassen, welche das Heer einschlagen könnte, öffnen und herrichten lassen, und für die nötigen Lebensmittel an den Marschstrassen sorgen; am 29. September sollten die dortigen Edelleute den Kampf gegen Mailand beginnen; er selbst werde zu derselben Zeit den Boden Italiens mit seinem Heere betreten[5]).

Damit war der Zug nach Italien fest bestimmt: auf dem Reichstage zu Mainz war der Romzug beschlossen und das

---

[1]) Aus f. 40 des cod. 1718 der Laurenziana, der bisher noch nicht benutzt war und gerade für die Zeit Ruprechts manch neues Material enthält, einer Briefsammlung v. J. 1469 (s. fol. 135) Prof. Wille in Heidelberg verdanke ich die Einsicht in den Codex. [2]) RTA. IV. p. 373; 8, 9. [3]) RTA. IV. p. 472; 12. [4]) RTA. IV. p. 439; 40. [5]) RTA. IV. nr. 366. 367 art. 6.

Aufgebot erlassen; am 8. September musste sich dieses in Augsburg zusammenfinden, um dann am 29. September die Feindseligkeiten zu eröffnen. Das Geld, das zum Zuge nötig wurde, war zwar noch nicht vorhanden; aber der König hegte, vertrauend auf die Hilfe von Florenz, die feste Hoffnung, es noch rechtzeitig und in genügender Menge zu bekommen.

Inzwischen rüstete man sich auch in Italien zu dem bevorstehenden Kampfe. Hierbei kam es vor Allem auf die Stellung an, die Venedig beobachten werde. Bisher war es, wie wir gesehen, entschieden neutral geblieben; nichts gab ein Anzeichen, dass es geneigt sei, aus seiner Neutralität herauszutreten. Trotzdem wurden immer neue Versuche gemacht, es auf die eine oder die andere Seite zu ziehen. Von Ruprecht war zu solchen Verhandlungen Franz von Padua bevollmächtigt; zugleich liess er durch den nach Padua zurückkehrenden Gesandten Dorde dem Rate von Venedig von den mit Florenz zu Nürnberg getroffenen Vereinbarungen und von seinem in Aussicht stehenden Romzuge Mitteilungen machen[1]). Aber die Antwort[2]) enthielt wieder nichts, ausser den „gewohnten Versicherungen der Höflichkeit"[3]): Die Signorie hoffe, unter Beteuerung ihres Wohlwollens gegen das bairische Haus, und besonders gegen den König, dass auch der Romzug ihm zum Ruhme, dem Reiche und der Christenheit zum Heile ausfallen möge, aber mit dem bezeichnenden Zusatze „cum quiete et pace Italiae", trotzdem ihr doch der eigentliche Zweck des Zuges aus dem Vertrage mit Florenz bekannt war.

Dieser nämlichen Tendenz, Hüterin des Friedens in Italien zu sein, entsprach es auch, dass die Signorie Franz von Padua entschieden riet, alles zu vermeiden, was dem Herzog von Mailand irgendwie Anlass geben könnte, den Krieg zu beginnen; sollte jedoch Mailand dem Frieden gefährlich werden, so sei auch sie bereit, geeignete Gegenmassregeln zu ergreifen; im übrigen sei ihr von mailändischen Rüstungen, von denen Franz

---

[1]) RTA. IV. nr. 309, 310 art. 1. [2]) RTA. IV. nr. 310 art. 2 ff. (17. Juni 1401). [3]) Le Bret, die Staatsgeschichte der Republik Venedig. I. Teil, II. Abt. p. 279. [4]) RTA. IV. nr. 262.

ihr berichtet habe, noch nichts bekannt. Und dieselbe Antwort erhielt der Herzog von Mailand auf seine Beschwerden über Padua und Florenz[1]). Solcher Redensarten bedurfte eben die Politik der Neutralität: man musste sich den Anschein geben, als stehe man zwischen den Parteien, eifrigst bemüht, alle Beschwerden beizulegen, ohne sich auch nur im geringsten zu verpflichten. Wieder als man in Mainz definitiv den noch in diesem Jahre 1401 stattfindenden Zug beschlossen hatte, schickte Ruprecht eine neue Gesandtschaft nach Venedig ab, um unter dem Eindruck jenes Beschlusses nochmals zu versuchen, es zum Bündnis mit ihm zu bewegen[2]). Es war aber schwerlich von dem Könige klug, dass er in der Instruktion für seine Gesandten noch ausdrücklich hervorhob, dass er nur „mit grossen kosten, arbeit und kummernisse" das Reich fast ganz gebracht, und nun wiewol er vaste sich verkostiget und dass sin usageben habe[3]), doch den Zug nach Italien unternehme, für den er um den Beistand Venedigs bitte[4]).

Eigentlich hätte es doch in seinem Interesse gelegen, seine misliche finanzielle Lage nicht bekannt werden zu lassen; jedenfalls war es kaum ein gutes Mittel, sich neue Verbündete zu erwerben, wenn er nicht etwa diesen gegenüber gleichsam sich entschuldigen wollte, dass er in ein thatsächlich recht schimpfliches Vertragsverhältnis mit Florenz sich eingelassen. Auf der anderen Seite ruhte auch Galeazzo nicht mit Versuchen, nicht etwa Venedig auf seine Seite zu ziehen, sondern vielmehr es nur zu bestimmen, Farbe zu bekennen. Ein meisterhaft diplomatischer Schachzug war es, dass er an den Rat sowohl ein Schreiben Ruprechts, in dem dieser ihn des Giftversuches beschuldige, als auch seine eigene Verteidigung zur Begutachtung übersandte. Denn entweder erkennt der Rat diese als glaubwürdig an, dann bezichtigt er den König der Verläumdung, oder erklärt Galeazzo als Giftmörder. Zwei Tage lang dauerten die Verhandlungen in dieser Frage, bis man schliesslich auch eine ganz vortreffliche

---

[1]) RTA. IV. nr. 262.   [2]) RTA. IV. nr. 362. (20. Juli 1404).   [3]) RTA. IV. p. 437; 15—16.   [4]) RTA. IV. nr. 363.

Antwort fand: man bedauert die ganze Angelegenheit, und hofft, es möge seine Unschuld an den Tag kommen[1]). An dieser Stelle mag noch der Verhandlungen Ruprechts mit König Martin von Aragonien gedacht werden, die jetzt in so fern eine festere Gestalt annahmen, als Ruprecht eine aragonesische Hilfsflotte unter dem Kommando des Admirals Jacobus de Pratis verlangte. Diese soll sich, etwa 10 Galeeren stark, im „pisischen Meere" zeigen, um etwaige Unternehmungen der florentinischen Landmacht gegen Pisa zu unterstützen[2]). Kam dieser Vorschlag zur Ausführung, so musste Galeazzo seine Truppenmacht zersplittern; andrerseits konnte auch Florenz hoffen, bei dieser Gelegenheit sich wieder den Zugang zum Meere zu öffnen, der ihm jetzt durch Uebergang Pisas in mailändische Hände versperrt war. Indess blieb es bei dem Plane, da sich die Erfolglosigkeit des deutschen Angriffes auf Mailand zu bald herausstellte, Galeazzo aber ganz gut einen Teil seines Heeres vom lombardischen Kriegsschauplatze nach Toscana entsenden konnte, so dass auch den Florentinern die Möglichkeit zu grösseren Operationen genommen war.

Doch wenden wir uns den Rüstungen Ruprechts in Deutschland selbst zu; sie waren, wie wir gesehen haben, trotz der ablehnenden Haltung der deutschen Kaufleute, nicht unterbrochen worden. Indess kann es nicht meine Aufgabe sein, näher auf die Verhandlungen mit den einzelnen Reichsständen wegen der Beteiligung an dem Zuge einzugehen: man findet die diesbezüglichen Zusammenstellungen vollständig in den Reichstagsakten[3]). Die Summe dieser ist in zwei Kostenüberschlägen[4]) zu dem ersten Monat gezogen, von denen für uns der zweite der massgebende ist. Im Ganzen sind ungefähr 3200 Gleven zu je 3, bei der Leibwache des Königs und der Königin zu je 4 Pferden berechnet, mit einem Solde von ungefähr 79.000 fl.[5]),

---

[1]) RTA. IV. nr. 364. 365. (Juli 26. und 28. 1401). [2]) RTA. IV. nr. 369. art. 6—9. [3]) RTA. IV. Reichstag zu Mainz. Juni-Juli 1401. lit. I. ff. [4]) RTA. IV. nr. 390. 391. [5]) Burggraf Friedrich VI. von Nürnberg erklärt, mehr als 25 fl. für die Gleve verlangen zu müssen, worauf jedoch Ruprecht nicht eingehen konnte, weil sonst auch die anderen einen höheren Sold beansprucht hätten. RTA. IV. nr. 377. art. 2.

welche für den ersten Monat vorausbezahlt werden sollten. Immerhin ist diese Summe für einen, der sich „vaste verkostiget" und all das Seine ausgegeben hat, eine recht beträchtliche zu nennen. Jedoch hatte er noch die Hoffnung, dass Pitti das florentinische Geld nach Augsburg bringen würde. Aber ist es nicht unbegreiflich, dass Ruprecht nicht auch die Möglichkeit ins Auge gefasst zu haben scheint, dass das Geld doch ausbleiben könne? Welchen Eindruck musste es machen, wenn der König dann dem Heere, das er zu einem mindestens 3—4 Monate dauernden Zuge aufgeboten, gleich den ersten Monatssold nicht zahlen konnte? Das alles aber scheint er sich nicht überlegt zu haben; und man kann wohl mit Recht sagen, dass eben diese finanzielle Abhängigkeit von dem guten Willen des Bundesgenossen den Miserfolg des ganzen Zuges zur Folge haben musste.

Bevor Ruprecht den Zug über die Alpen antrat, mochte es wohl gut scheinen, mit Wenzel in Unterhandlungen zu treten, um wenn irgend möglich friedlich sich mit ihm auseinanderzusetzen. Dabei hat Wenzel einen höchst merkwürdigen Vorschlag gemacht: Ruprecht solle König bleiben, Wenzel jedoch die Kaiserwürde sich erwerben. Darauf konnte Ruprecht auf keinen Fall eingehen: denn um Kaiser zu werden, müsse man deutscher König sein; das sei jener aber nicht, da er rechtmässig abgesetzt sei; Ruprecht selbst müsste dann vorher die Krone niederlegen; aber ob dann die Kurfürsten bei der Neuwahl Wenzel wählten, erscheine ihm zum mindesten zweifelhaft[1]). Da aber auch Ruprechts Forderungen an Wenzel nicht gerade bescheiden waren, so war es nicht zu verwundern, dass sich die Unterhandlungen über ein friedliches Uebereinkommen zerschlugen. Um aber Wenzel die Möglichkeit eines Eingreifens in Deutschland während des Romzuges zu nehmen, musste man ihn im eigenen Lande festhalten. Zu diesem Zwecke sehen wir Ruprecht in enge Beziehungen zu der böhmischen Adelsopposition, mit Jost von Mähren an der Spitze, treten[2]). So konnte sich in Deutsch-

---

[1]) RTA. IV. nr. 392. art. 1.   [2]) RTA. IV. nr. 393 396.

land das Gerücht verbreiten, die Heeressammlung in Augsburg habe nicht den Romzug, sondern einen neuen Krieg mit Wenzel im Auge¹). Und so sehr rechnete man mit dieser Möglichkeit, dass Strassburg sich beeilte, seinen Gesandten den Auftrag zu geben, sich in Mainz nach der Stellung der übrigen Städte zu dieser Frage zu erkundigen.
Thatsächlich konnte darüber kein Zweifel herrschen, dass Ruprechts Ueberzeugung dahin ging, dass nur auf dem Boden Italiens die Entscheidung zwischen ihm und Wenzel fallen könne; die Kaiserkrönung in Rom musste sie zu seinen Gunsten wenden.

---

¹) RTA. IV. p. 480; 4.